KB194975

Intro : 오늘도 우리는 커피를 마신다

대한민국은 커피와 사랑에 빠져 있다. 커피나무 한 그루 자라지 않는 나라가 세계에서 커피를 가장 많이 소비하는 국가가 되었다. 전국에 카페만 약 10만 개, 한 건물에도 2~3개는 기본이고, 길거리 차이는 게 카페다. 커피 공화국에서 1일 1커피는 국룰이다. 수시로 핸드폰 배터리를 충전하듯 카페인을 채운다. "한국인의 몸속에는 커피가 흐른다"라는 말도 있다. 일명 '커피 수혈'이라고 불린다. 1896년 아관파천 당시 고종이 커피를 즐겨 마셨다는 이야기가 전해진 이후 100여 년을 거쳐 명실상부 국민 음료로 자리를 잡았다.

커피의 무엇이 우리를 매료시키는 것일까. 커피를 마시는 이유는 사람마다 다르고, 그 속에는 각자의 서사가 담겨 있다. 좋아서, 맛있어서, 졸음을 쫓기 위해, 커피 한 잔의 여유가 좋아서, 혹은 사람들을 만나 대화하며 자연스럽게 마시는 경우도 많다. 커피 한 잔에는 인간의 다양한 욕망이 담겨 있다. 커피는 누구도 대신할 수 없는 힘과 위로를, 쉼과 여유를, 그리고 우애와 연대를 선사하며 이러한 욕망을 쉽고 빠르게 충족시킨다. 대한민국에서 커피는 '악마의 음료'가 아니라 분명 '신의 축복'이다.

커피의 학명은 코페아 아라비카(Coffea Arabica)다. 커피나무를 아프리카 원산의 꼭두서닛과(Rubiaceae) 코페아(Coffea)에 속하는 다년생 쌍떡잎식물로 분류한 사람은 스웨덴의 식물학자 '칼 본 린네(Carl von Linne)'다. 그는 1753년 인간을 '호모 사피엔스'로 명명하고, 그 유명한 생물 분류 체계인 '종속과목강문계'를 정립한 현대 생물학의 아버지쯤 되는 사람이다. 호모 사피엔스는 '슬기로운 인간'이라는 뜻을 가지며, 인간이 도구와 언어를 사용하고 이성적 사고를 통해 진화한 존재임을 나타낸다. 인간은 화학적, 물리적, 생물학적 특성을 지닌 존재인 동시에 휴머니티, 인간다움을 가졌다는 점에서 그 이상의 존재다.

휴머니티Humanity는 인간Human과 공동체Community가 결합하여 형성된 '인간다움의 가치'를 의미한다. 이는 개인에서 공동체로 확장된 개념으로, 내가 세상의 중심이라는 세계관에서 벗어나 나를 둘러싼 모든 사람이 각자 삶의 주인공이라는 시각을 갖는 데서 시작된다. 타인도 나처럼 행복을 원하고, 삶의 목표를 추구하는 존재임을 인정하는 데서 출발하여 공동체 안의 존재들이 서로를 존중하고 배려하며 상생하는 것을 지향한다. 따라서 '나'와 '우리'를 깊이 이해하고 존중하며, 연민과 공감으로 서로의 아픔과 기쁨을 함께 느끼는 태도, 그것이 바로 휴머니티의 본질이다.

이 책은 커피 관련 책들이 주로 다루는 커피의 역사, 품종, 원산지, 로스팅, 추출 기법 같은 기술적 내용을 중심으로 삼지 않는다. 대신 커피가 지닌 사회 문화적 기능과 의미에 집중한다. 특히 각성(버티려고 마시는 커피), 향유(즐기려고 마시는 커피), 우애(함께 누리는 커피)라는 세 가지 키워드를 통해 커피음료를 소개하고, 그 속에 담긴 휴머니티를 탐구한다. '각성'은 오늘 하루를 살아내기 위해 졸음을 쫓으며 욕망을 정당화하려는 인간의 의지와 이성이 작용하는 모습을 다룬다. '향유'는 커피를 즐기는 주체적이고 독창적인 방식과 취향을 통해 인간의 자유를 드러낸다. '우애'는 혼자 즐기는 커피를 넘어, 함께 나누고 누리며 공동체를 돌아보는 존중과 공감의 가치를 담고 있다.

휴머니티는 커피로 시작된다. 커피 한잔에는 인간다움을 이루는 다양한 가치가 스며 있다. 단순한 음료를 넘어 사람들을 연결하고 소통의 장을 마련하며 문화와 가치를 공유하는 역할을 한다. 사람들 사이의 대화를 촉진하는 강력한 매개체이기도 하다. 친구, 가족, 동료가 만나 이야기를 나눌 때 긴장을 풀어주고 관계를 더욱 깊게 만들어 준다. 다양한 문화에서 공동체를 형성하는 중요한 역할을 하기도 한다. 에티오피아의 전통 의식 분나 마프라트(Bunna Maffrate)는 정성스럽게 준비한 커피를 손님에게 대접하며 우애, 평화, 축복을 나눈다. 터키의 커피 하우스 문화 또한 사람들이 이야기를 나누는 장소와 의식을 제공한다.

커피에는 다양한 배경과 신념을 가진 사람들을 하나로 묶는 힘이 있다. 함께 커피를 마시는 행위는 계층, 세대, 국적을 초월해 공감과 연대를 만들어낸다. 이는 커피가 가장 개인적이면서도 사회적인 음료임을 보여준다. 개인과 개인, 문화와 문화를 연결하며 소통과 연대를 촉진하고, 공동체를 강화하는 데 기여한다. 오늘날 우리는 커피를 통해 인간다움을 추구하고 더 나은 세상을 만들어가는 새로운 인류, 호모 코페아 사피엔스(Homo Coffea Sapiens)다.

커피 앞에서는 모두가 평등하다. 우리는 모두 자유와 권리의 주체이자 연대의 대상으로 더 나은 삶과 미래를 만들어가는 커피 공화국의 동료 시민이다. 오늘은 어떤 커피로 하루를 채울지 고민하는 이들에게 대표적인 18가지 커피음료를 권한다. 각각의 음료에는 호모 코페아로서 느낄 수 있는 인간다움의 가치가 담겨 있다. 반드시 순서대로 읽지 않아도 좋다. 메뉴를 고르듯 목차를 보고 끌리는 음료부터 시작해보라. 카페라테를 마시며 카페라테 챕터를 읽는다면 그 즐거움은 배가 될 것이다. 커피가 지닌 의미를 되새기며 더 깊은 맛을 음미할 수 있을 테니 말이다. 여기에 추천 음악까지 곁들인다면 당신의 커피가 천상의 커피가 될 것이다. 이 책은 커피의 세계와 매력, 그리고 커피음료에 얽힌 삶의 경험과 통찰을 커피 한잔 나누듯 편안하게 전하고자 한다. 이 책을 읽는 우리는 모두 커피로 연결된 호모 코페아 커뮤니티다.

각성

향유

우애

각성

"내게 정신을 차리게 만드는 것은 진한 커피, 아주 진한 커피다. 커피는 내게 온기를 주고, 특이한 힘과 기쁨과 쾌락이 동반된 고통을 불러 일으킨다."

-프랑스 제1제국 황제,
나폴레옹 보나파르트

베이스가
탄탄하면
두렵지 않다

에스프레소

에스프레소는 로스팅한 원두를 곱게 분쇄한 뒤, 뜨거운 물과 높은 압력을 이용해 짧은 시간 안에 빠르게 추출한 커피다. 익스프레스(Express)와 프레스(Press)의 합성어로 '빠르다'와 '압축하다'라는 뜻을 가지고 있다. 추출 시간이 짧다는 특징뿐만 아니라, 추출 후 생기는 크레마(커피 위 미세한 거품)가 없어지기 전에 빨리 마셔야 한다는 의미도 있다. 일반적으로 에스프레소 추출 비율은 1:1.5~2.5 정도이다.

싱글 에스프레소(1샷)

원두 7~10g, 추출 시간 25~30초, 추출량 25~30ml,

1997년 봄이 오기 전, 언어 연수를 위해 미국 LA로 가는 비행기에 몸을 실었다. 내가 공부했던 CIU는 LA에 있는 작은 칼리지(College)였는데, 마침 1994년 LA 다저스에 입단해 메이저 리그에서 큰 활약을 펼치던 박찬호 선수가 이곳에서 영어를 공부했다. 복도에서 몇 번 마주친 박찬호 선수는 큰 키와 넓은 어깨, 부리부리한 눈에 짙은 눈썹까지 강렬한 아우라를 풍기며 여학생들의 마음을 설레게 했다. 영화 <타이타닉>의 주인공 디카프리오도 아니고 한국인 박찬호를 만났을 뿐인데, 유명인을 직접 만나니 미국 생활에 대한 기대가 한껏 부풀었다. 산타모니카 비치의 석양을 바라보며 맨발로 해변을 걸을 때는 마치 할리우드 영화의 주인공이 된 기분이었고, LA 다운타운의 화려한 불빛이 내려다보이는 레스토랑에서의 저녁 식사는 남자친구가 없어도 충분히 낭만적이었다.

찬란할 줄만 알았던 '아메리칸드림'이 무너지는 데는 그리 오래 걸리지 않았다. LA 거리에는 홈리스가 가득했고, 가

15

끔씩 들려오는 총소리는 일상을 위협했다. 한국처럼 밤에 대중교통을 이용하거나 거리를 걸을 수도 없었다. 결정타는 1997년 말, 대한민국에 터진 IMF 외환 위기였다. 외환 송금이 어려워지면서 많은 한국 유학생들이 학업을 마치지 못한 채 부랴부랴 귀국할 수밖에 없었다. 가까스로 언어 연수 과정을 끝내기는 했지만, 한국으로 돌아오기 전 두 달은 주머니 사정이 나빠 이런저런 아르바이트를 전전하며 홈리스나 다름없는 생활을 했다.

힘겨운 시간을 보내던 어느 날, 친구가 커피를 한잔 사주었다. 세븐일레븐의 1달러짜리 커피가 세상에서 제일 맛있는 줄 알았는데 그날 마신 커피는 완전히 달랐다. 부드러운 거품이 마치 크림 같았고, 고소한 우유의 풍미와 커피의 쌉싸름한 맛이 완벽하게 어우러져 있었다. 머릿속에서 불꽃이 팡팡 튀고 온 세상이 환해지는 듯했다. 몸에 쌓였던 긴장과 피로가 커피 한 잔에 사르르 녹아내리며 황홀한 기분에 휩싸였다. 그 커피가 나의 첫 인생 커피, 스타벅스의 카페라테였다. 국내 스타벅스 1호점이 1999년 7월 27일 문을 열었으니, 나는 2년쯤 앞서 스타벅스와 역사적 첫 만남을 가진 셈이다.

지금은 스타벅스 커피 자체보다 공간을 더 애정하지만,

당시에는 완전히 새로운 유니버스였다. 스타벅스 커피와 함께라면 어떤 고난과 역경도 이겨낼 수 있을 것만 같았다. 그렇게 나의 커피 사랑이 시작되었다. 대학 졸업 후 직장생활을 시작하면서 신촌에 살던 때도 주말마다 어김없이 스타벅스 이대점을 찾았다. 100원대 자판기 커피가 익숙했던 시절, 한 잔에 2,500원 하는 스타벅스의 아메리카노는 사회 초년생에게 사치스러운 선택일지도 모르지만, 커피 한 잔이 건네는 위로와 힘은 그 이상의 가치가 있었다.

밥값을 아껴가며 스타벅스를 그렇게 드나들었지만, 내가 마시는 커피는 늘 아메리카노와 카페라테 두 가지였다. 어느 날 외국인 친구와 스타벅스에 갔는데 이 친구가 에스프레소를 주문했다. 에스프레소를 실제로 주문하는 사람을 처음 봤다. '이건 뭐지?' 작고 귀여운 잔에 담겨 나온 커피는 마치 홍삼 엑기스처럼 진해 보였으며, 캐러멜 향이 났다. 신기한 듯 에스프레소를 바라보는 나에게 그는 "아메리카노는 에스프레소에 물을 섞은 거야"라고 친절히 설명해 주었다. '다음에 나도 꼭 한번 먹어봐야지'라는 다짐으로 위시 리스트에 담아 두었다.

드디어 에스프레소와의 첫 만남. 잔뜩 기대를 품고 한 모금을 들이켰지만, 목으로 넘기는 것도 입안에 머금고 있는 것도 쉽지 않았다. 강렬한 쓴맛이 파도처럼 밀려왔다. 어릴 적 엄마가 억지로 입을 벌려 들이밀던 한약 맛이 떠올랐다. 언젠가 믹스커피만 마시는 친구에게 아메리카노를 사줬더니 "도대체 왜 이런 걸 돈 주고 사 먹느냐"고 투덜거렸다. 그러게 말이다. 도대체 왜 이런 걸 돈 주고 사 먹는 걸까? 그날 이후로도 에스프레소와 친해지기까지는 꽤 오랜 시간이 걸렸지만, 첫 경험의 강렬함은 오래도록 잊히지 않았다.

커피 문화가 확산되고 커피 취향이 다양해짐에 따라 최근에는 에스프레소 바(Bar)와 애호가들이 늘어나고 있다. 나 역시 가끔 식후에 에스프레소 한 잔을 즐기곤 한다. 에스프레소는 공기를 압축하여 짧은 시간에 커피를 추출하기 때문에 카페인의 양이 적고 커피의 순수한 아로마와 풍미를 더 잘 느낄 수 있다. 추출이 잘 된 에스프레소는 쓴맛과 단맛이 조화로운 균형을 이루며, 약간의 신맛이 더해져 깊은 맛을 이룬다. 에스프레소 전용 잔인 데미타스(Demitasse)에 담긴 커피에 입술이 닿는 순간, 갈색 크림 층인 크레마의 부드러움을 즐기고, 한 모금 마신 후에는 쓴맛, 단맛, 신맛을 골고루 느낀 후, 혀에서 향기 성분이 천천히 증발하며 지속되는 후

미(Aftertaste)의 여운을 음미하는 것이 에스프레소를 제대로 즐기는 방법이다.

커피의 심장이라고 불리는 에스프레소는 모든 커피음료의 베이스가 된다. 세상은 넓고 커피 종류는 많다. 스타벅스에 가면 에스프레소 베이스 음료가 베스킨라빈스 아이스크림 31가지보다 많을 정도다. 하지만 에스프레소가 없었다면 애초에 그런 메뉴들이 존재할 수도 없었다. 모든 커피음료는 사실 에스프레소의 변형이다. 에스프레소에 물을 더하면 아메리카노, 스팀 우유를 부으면 카페라테, 부드러운 크림을 얹으면 콘파냐, 초콜릿 시럽과 코코아 파우더를 더하면 쇼콜라토가 된다. 주변을 다 걷어내면 결국 에스프레소만 남는다. 에스프레소가 제대로 만들어져야 아메리카노도 카페라테도 맛있다. 화려한 크림으로 잔뜩 치장하고 달콤한 시럽으로 미각을 유혹해도, 베이스가 훌륭하지 않다면 '소금 한 톨의 차이'만큼이나 미묘한 아쉬움을 남긴다.

니체는 우리가 어떻게 자신을 발견할 수 있는지, 인간이 어떻게 자기 자신을 알 수 있는지 질문한다. 우리는 자신이 누군지도 제대로 모르면서 내면을 들여다보기보다 타인의 삶을 기웃거리는 데 더 많은 시간을 소비한다. 보이는 나를

다 걷어내고 나면 내 안에는 무엇이 남아 있을까? 소셜 미디어에서 회자되는 '육각형 인간'은 외모, 성격, 자산, 직업, 학력, 집안 등 모든 조건이 완벽한 인간을 의미한다. 노력 신화*가 무너진 자리에 들어선 비교 의식과 줄 세우기를 비관하는 표현이다. 우리는 디지털 기술의 발전으로 사람과 사람이 쉽고 빠르게 연결된 'e-편리한 세상'에 사는 것 같지만, 사실 인류 역사상 어느 때보다도 타인을 의식하고 비교하며, 그로 인해 불행해하는 'e-불편한 세상'에 살고 있다.

기본에서 멀어질수록 에스프레소는 쓴맛만 나거나 신맛이 튀거나, 뒷맛이 텁텁한 형편없는 커피가 되고 만다. 맛있는 에스프레소 한 잔은 좋은 품질의 생두, 적절한 로스팅 그리고 올바른 추출로 완성되지만, 생두의 품질이 전부라 해도 과언이 아니다. 세계 최고의 바리스타 대회인 월드 바리스타 챔피언십(World Barista Championship, WBC) 우승자가 아무리 현란한 기술로 커피를 추출한다 해도 생두의 결점을 덮을 순 없다. 모든 커피음료의 베이스는 에스프레소이고, 에스프레소의 베이스는 바로 원두다. 눈에 보이지 않아도 확연

---

* '무엇이든 노력하면 된다'는 신념

한 차이를 만들어낸다.

화제의 넷플릭스 시리즈 <흑백요리사: 요리 계급 전쟁>의 파이널로 가는 마지막 관문인 '무한 요리 지옥' 미션에서 강력한 우승자로 예상됐던 최현석 셰프가 탈락했다. 한국 유일 미슐랭 3스타 셰프인 심사위원 안성재는 최현석 셰프의 요리에 마파두부, 양고기, 샤프란 등 재료가 너무 많이 들어가 복잡한 맛을 낸다며 탈락 이유를 설명했다. 최후의 우승을 거머쥔 나폴리 맛피아(권성준)가 1라운드에서 안성재 셰프에게 '보류' 판정을 받은 이유는 쓸데없는 장식 꽃이 들어갔기 때문이었다. 심사 내내 안성재 셰프는 요리의 의도를 물었고, 의도에 충실한 요리를 높이 평가했다.

안성재 셰프가 운영하는 레스토랑 모수의 시그니처 중 하나는 디저트 약과다. 할머니와의 추억이 담긴 약과를 디저트로 내는데 금가루를 올리거나 그럴듯하게 모양을 바꾸지 않고, 가장 단순한 플레이팅으로 가장 섬세한 맛을 구현한다고 한다. 미국에서 일할 때 "넌 왜 맨날 간이 틀리냐?", "간도 못 맞추면 대체 뭐가 될래?"라는 꾸중을 듣고, 하루에 한 갑씩 피던 담배를 끊은 뒤 미각이 좋아졌다고 한다. 요리사는 맛을 잘 보는 것이 가장 중요한 능력이기 때문이다. 안성재 셰프는 미슐랭 3스타의 화려한 타이틀과 달리 누구보다 기본에 충실하며, 그 기본을 바탕으로 완벽한 요리를 만들어낸다.

베이스가 탄탄하면 요리도, 인생도 두렵지 않다. 베이스에 자신이 없으면 불안과 두려움이 파고들어 자꾸 주변을 의식하게 된다. SNS에 올라 온 사람들의 멋진 모습에 괜히 주눅 들고, 쪼그라들어 내 자신이 형편없게 느껴질 때도 있다. 에스프레소에 어떤 시럽과 크림을 얹을지 고민하기에 앞서, 베이스가 제대로 만들어졌는지 살펴야 한다. 외부의 평가나 타인의 시선에서 자유롭지 못한 세상일수록 베이스는 더 견고해야만 한다.

낯설게 느껴져도 에스프레소 한잔을 주문해 휘리릭 들이켜지 말고, 천천히 입안에 머물게 해 보자. 입안에 머무는 커피의 풍미를 음미하며 초콜릿 맛이 나는지, 과일 맛이 나는지 가만히 느껴보자. 오렌지처럼 톡톡 튀는 상큼함일 수도, 자몽처럼 다소 쌉쌀한 상큼함일 수도 있다. 입안에 퍼지는 커피의 쓴맛, 단맛, 신맛을 골고루 음미하다 보면 알지 못했던 혹은 잊고 살았던 나와 마주하게 될 것이다. 시간이 걸리더라도 제대로 된 베이스를 만드는 일이 먼저다. 휴머니티도 온전한 나다움에서 시작된다.

데일리 커피 익스프레스

월드 바리스타 챔피언십(WBC) 평가 기준

WBC(World Barista Championship)는 미국 스페셜티커피협회(SCAA)와 유럽스페셜티커피협회(SCAE)가 공동 주최하는 세계 최고의 바리스타 대회다. 예선 1라운드에서 높은 점수를 받은 1~15위 바리스타와 심사위원이 선정한 1명의 와일드카드 바리스타 등 총 16명이 준결승전(Semi-Final)에 진출한다. 준결승에서 결승에 오른 6명이 파이널리스트(Finalist)로 불린다. 바리스타들은 총 3번의 라운드에서 시연을 반복하며, 15분간 주제에 맞게 에스프레소, 밀크 베버리지, 창작 음료 각 3잔씩을 준비해 4명의 심사위원에게 서빙한다.

심사위원들은 맛, 청결, 기술, 프레젠테이션, 창의성 등을 평가하는데 각 심사위원의 기준에 따라 점수가 일관되지 않아 논란이 있다. 그러나 우승자들을 분석해 보면 단순히 맛과 기술뿐 아니

라 커피에 대한 철학을 잘 표현한 경우 좋은 평
가를 받았다. 2022년 준우승을 차지한 미국 대표
Morgan Ekloth는 시연 중 에스프레소 잔을 망치
로 산산조각 내며, 코로나와 기후 변화로 어려움
을 겪는 커피 업계를 상징적으로 표현했다. 챔피
언이 되려면 기술뿐만 아니라 메시지도 중요하
다.

Coffee & Music

바흐의 '커피 칸타타(Coffee Cantata BWV 211)'
바흐(J.S. Bach)는 커피를 너무 좋아한 나머지 '커
피 칸타타(Coffee Cantata BWV 211)'를 작곡했
다. 1700년대 초반, 당시 아라비아에서 유럽으로
커피가 전파되며 독일에도 엄청난 커피 열풍이
불었는데, 의사들은 커피가 불임의 원인이 되고
얼굴빛이 검어진다고 여성들에게 커피를 마시지
못하게 했다. 하지만 사람들의 커피 사랑을 막지
못했고, 바흐는 커피를 좋아하는 딸과 이를 못마

땅하게 여기는 아버지 사이의 이야기를 위트 있
게 담아냈다. 재미난 가사의 소프라노 아리아가
경쾌한 곡조로 흐르고, 마지막에는 커피를 예찬
하는 합창이 이어진다. 진한 에스프레소 한 잔 내
려 바흐의 커피 칸타타를 들으며 음악의 선율을
따라가 보자.

능률을 올리는
나만의 부스터

아메리카노

아메리카노는 에스프레소에 뜨거운 물을 부어 희석하여 마시는 커피다. 정확한 명칭은 카페 아메리카노(Caffé Americano)로 유럽식 커피에 비해 농도가 옅은 미국식 커피를 말한다. 그렇다고 아메리카노를 물 탄 에스프레소 정도로 치부하면 곤란하다. 에스프레소의 샷 수와 더해지는 물의 양, 심지어 수질에 따라 맛이 달라진다. 일반적으로 카페나 가정에서는 보통 2샷을 추출해 만든다. 에스프레소와 물의 황금 비율은 1:8~1:18까지 다양하다.

더블 에스프레소(2샷)

원두 14~20g, 추출 시간 25~30초,

추출량 45~60ml + 물 150~250ml

한때는 사치품이자 지식인의 전유물로 여겨졌던 커피, 그중에서도 아메리카노는 이제 우리의 일상이 되었다. 광활한 우주 어디엔가 우리보다 더 우월한 문명을 가진 외계인이 있다면, 그들이 UFO를 타고 우리가 알지 못하는 방식으로 지구를 관찰하고 있다면, 그들이 작성할 지구 견문록 1장에는 분명 이렇게 적혀 있을 것이다. "지구인은 수시로 검은빛 액체를 마신다. 생존에 꼭 필요한 필수 영양소로 추정된다. 그들을 정복하려면 검은 액체를 차지하고, 공존하려면 검은 액체를 함께 마셔야 할 것이다."

우리나라 직장인의 소확행은 하루 딱 세 번이다. 출근할 때 마시는 모닝커피 한 잔, 점심 식사 후 동료들과 마시는 식후 커피 한 잔, 그리고 야근하면서 마시는 커피 한 잔이다. 커피값이 만만치 않지만 직장생활이 주는 육체적, 정신적 고통을 생각하면 이 정도의 사치는 괜찮다는 생각이 든다. 그중에서도 아메리카노는 가장 많이 찾는 음료 중 하나다. 직장인의 포션, 링거라 불리는 필수템이다. "뭐 마실래?" 복잡한 메뉴판을 한참 들여다보지만 결국 아메리카노다. 가격도 맛도 부담 없는 아메리카노는 언제나 정답이다.

아메리카노는 에스프레소에 물을 부어 만든 커피다. 미

국식 커피라는 명칭이 무색하게 정작 미국인들은 드립 커피나 카페라테를 더 선호한다. 아메리카노라는 이름의 유래에는 여러 설이 있지만, 가장 유력한 주장은 제2차 세계대전과 관련이 있다. 추출국에 가담했던 이탈리아가 1943년 항복한 후, 로마에 입성한 연합군 소속 미군 병사들이 이탈리아식 에스프레소의 쓴맛을 줄이기 위해 본국에서 즐기던 드립 커피처럼 물을 섞어 마셨다고 한다. 이를 본 이탈리아인들이 경멸의 의미를 반쯤 담아 미국인의 커피를 뜻하는 아메리카노로 부르기 시작했다는 설이다. 현재는 한국을 방문한 외국인들 사이에서 아메리카노가 입소문과 SNS를 타고 '한국식 커피'로 더 잘 알려져 있다.

한국은 커피 하면 가장 먼저 떠오르는 지역은 아니다. 하지만 놀랍게도 한국은 1인당 커피 소비량 367잔으로 프랑스(551.4잔)에 이어 세계 2위에 올랐다. 이는 세계 평균인 161잔의 배 이상이다. 한국 성인의 70%가 매일 적어도 한 잔 이상의 커피를 마신다. 왜 수많은 커피 종류 중 아메리카노가 가장 인기 있는 음료가 되었을까? 미국의 음식·음료 전문매체인 테이스팅 테이블은 아메리카노가 한국 커피계를 장악한 이유를 막대한 효용성에 있다고 진단했다. 한국인에게 커피는 노동을 위해 가장 선호되는 연료, 다시 말하면 '노동 음료'로 인식되며, 커피를 마시는 것은 '카페인 수혈'로 볼 수 있다고 이 매체는 전했다.

굴이 회수를 건너면 탱자가 된다고 했던가. 한국에서는 커피가 맛과 향을 즐기는 '기호 음료'를 넘어 노동을 위한 '에너지 부스터'로 확실히 자리 잡았다. 이러한 문화가 잘못된 것은 아니다. 커피의 기원을 찾아 올라가다 보면 커피는 원래 전쟁 시 기운을 북돋고, 이슬람 승려들의 잠을 깨우는 자극제로 활용되었다. 에티오피아의 전통 요리 '부나 켈라(Bunna Qela)'는 약 450g의 생두에 버터 2컵을 더하고 소금으로 간을 한 뒤, 약한 불에서 천천히 볶아 완성한다. 이는 1,500~3,000년 전, 오로모 부족이 인류 최초로 커피 식물을 활용해 만든 것으로 추정되는 에너지 볼의 재료와 유사하다. 에너지 볼은 커피를 곱게 빻아 기름과 섞어 작은 공 모양으로 만든 음식으로, 오로모 부족은 이를 먹으면 기분이 고양되고 용맹한 행동을 돕는 효과가 있다고 믿어 주로 전투 전에 섭취했다고 전해진다. 생두에 다량으로 함유된 단백질과 동물성 지방이 만나 오늘날의 에너지 바와 같은 역할을 한 것이다. 전승을 다짐하며 에너지 볼을 먹던 오로모 부족처럼 현대를 살아가는 우리도 커피 한 잔 들이켜며 오늘 하루 잘 살아내기를 다짐한다.

정신이 번쩍 드는 것 같지만 에너지 음료의 효과는 한시 적이다. 체내 당분과 카페인을 빠르게 흡수시켜 집중력을 높 여주는 일시적인 각성 효과가 있지만 비만, 뇌 기능 저하, 위 장병 촉진 등 부작용이 훨씬 더 크다. 커피의 효능 역시 지속 해서 논란거리다. 한쪽에서는 커피가 당뇨병 발생 위험을 낮 추고, 심혈관 질환을 예방하며, 기분을 좋게 하는 등 몸에 좋 다는 증거들을 쏟아내고, 다른 한쪽에서는 커피가 불안 및 불면을 유발하고, 과민 대장 증후군의 증상을 악화시키고, 위장 장애를 유발한다는 등 카페인의 부작용을 경고한다. 먹 으란 건가, 먹지 말란 건가. 누구 말을 믿어야 하나.

커피를 많이 마셔 위에 구멍이 뚫리고 바보가 되고 수명 이 단축된다 해도 오늘 하루 아메리카노 없는 삶을 상상할 수 없다. 아침마다 유체 이탈된 정신을 다잡아야 할 때, 반복 되는 지루한 회의를 견뎌야 할 때, 뭔가 일이 풀리지 않을 때, 밀린 과제들을 해치워야 할 때, 누군가와 어색한 시간을 견 뎌야 할 때도 아메리카노가 있기에 버틸 수 있다. 애인 없이 는 살아도 아메리카노 없이는 살 수 없다.

직장에서 선배들이 쌩신입에게 전수하는 직장생활 팁 0순위는 커피 타임이나 담배 타임이다. 사수, 동료 직원과의 커피 타임은 잡담하는 시시한 시간으로 보일 수 있으나, 이런 자리에서 업무나 회사 분위기 등에 관한 알짜 정보를 들을 수 있기 때문이다. 미국의 한 연구에 의하면 직장에서 마시는 커피 한 잔은 집중력을 높여주고, 창의력을 자극하며, 동료들과 함께 마실 때 시너지가 극대화된다고 하니 커피 타임은 일석삼조다. 그렇다고 안 먹던 커피를 억지로 마실 필요는 없겠지만 말이다.

'이어폰을 끼고 일해야 능률이 오른다'는 MZ세대들의 말처럼 아메리카노를 마셔야 삶의 능률이 오른다. 몸살감기나 과로로 급격히 체력이 저하되었을 때 병원에 가서 수액을 맞으면 컨디션이 좋아진다. 수액 요법은 체액량 혹은 전해질이나 수분 등을 보충하는 치료법으로, 정맥 투여를 통해 빠르게 체내에 영양분을 공급해 주는 것이 특징이다. 그러나 효능이 충분치 않다는 것이 의학계의 일반적인 견해다. 오히려 수액을 맞는 1~2시간 동안 아무것도 하지 않고 편히 쉬기 때문에 회복 효과를 느낄 수 있다는 것이다.

한국인에게 아메리카노는 단지 노동을 위한 수혈이 아니

라 잠깐의 쉼이자 여유다. 카페인은 커피 열매에 해로운 벌레가 꼬이는 것을 막는다. 어린잎일수록 카페인 함유량이 더 높은데, 이는 자신을 보호하기 위한 일종의 자구책인 셈이다. 커피보다 쓰디쓴 삶을 살다 보면 커피가 오히려 달게 느껴진다. 일하다가 잠깐 동료들과 수다 떨며 마시는 커피 한잔이 꿀맛인 이유이다. 우리는 각자의 자리를 지키며 어떻게든 완생으로 나아가는 존재다. 커피 한잔은 흐릿해진 집중력을 깨우고 머릿속 톱니바퀴를 매끄럽게 하는 능률의 스위치가 된다.

데일리 커피 익스프레스

커피의 기원, 목동 칼디 설

6~7세기경 에티오피아 양치기 목동 칼디(Kaldi)
는 염소들이 밤새 잠도 안 자고 흥분해 이리저리
날뛰는 이상한 행동에 의구심이 들었다. 낮 동안
염소들의 행동을 유심히 관찰한 결과 염소들이
빨간 열매를 먹는다는 사실을 알게 되었다. 이러
한 사실을 이슬람 사원의 승려들에게 알렸고, 이
열매를 갈아 물에 녹여 먹으니 정신이 맑아지고
잠을 쫓는 각성 효과가 있다는 것을 알게 되었다.
이후 이 사실이 다른 사원으로 퍼져나가며 커피
가 널리 전파되었다는 이야기다. 이 빨간 열매가
바로 커피 체리다.

Coffee & Music

드라마 <미생> OST Part 3 이승열의 '날아'
평상시보다 더 축축 처지는 아침 출근길을 나서

고 있다면 아메리카노 한 잔 마시며 이어폰을 끼고 드라마 <미생> OST Part 3 이승열의 '날아'를 들어보길 추천한다. 미생은 인기 웹툰 <미생>을 원작으로 한 드라마로, 직장인의 애환과 현대인의 삶을 녹여낸 작품이다. 바둑이 인생의 모든 것이었던 주인공이 프로 입단에 실패한 후 냉혹한 현실에 던져지면서 벌어지는 이야기다. 거기서 멈춰 있지 말라고, 그곳은 네 자리가 아니라고, 멀리 날아가라고 부추기지만, 그럴 수 없음을 알기에 마음만이라도 하늘 높이 날아올라 본다. 주인공 장그래가 그토록 지우고 싶어하던 바둑에서 문제 해결의 열쇠를 찾아가듯 전쟁터 같은 인생에서 문제의 답은 이미 내 안에 있을지도 모르겠다.

그래도
버티다 보면
살아진다

믹스커피

믹스커피는 인스턴트커피에 설탕과 크림 또는 프림을 함께 포장한 상품으로 끓는 물만 있으면 어디서나 마실 수 있다. 원두커피의 열풍에도 달달한 맛과 편의성으로 가정, 직장, 군대, 캠핑, 등산 등 언제 어디서나 여전히 한국인이 사랑하는 국민 커피다. 커피-프림-설탕과 물의 절묘한 비율이 중요하다.

커피믹스 1봉지, 물 100ml~130ml(종이컵(180ml)의 2/3 정도)

2022년 경북 봉화군 아연 광산 매몰 사고로 고립됐던 광부 2명이 221시간 만에 기적적으로 구조되었다. 암벽에서 흘러내리는 물과 커피믹스로 221시간을 버티며 살아남은 것이다. 믹스커피 12g 한 봉지에는 설탕 5~6g, 하루 첨가당 섭취 기준 50g이 들어 있다. 믹스커피의 프림은 야자유가 원료다. 연결된 탄소가 8개 미만인 단쇄지방산이기 때문에 장쇄지방산보다 체내 흡수가 잘 돼, 체내에 덜 축적되며 에너지로의 전환도 원활한 편이다. 건강에 좋지 않은 성분으로 알려져 있지만 카세인나트륨도 우유의 단백질인 카세인과 나트륨을 합성해 만든 물질이다. 아이러니하게도 그날, 믹스커피는 목숨을 살린 구원의 음료가 되었다.

아메리카노와 드립 커피가 대세라도 여전히 한국인이 가장 사랑하는 커피는 믹스커피다. 단지 기호가 아니라 우리의 생존 방식과 깊게 맞닿아 있다. 철학자 한나 아렌트는 인간의 조건을 노동, 작업, 행위로 나누며, 인간의 삶이 단순히 생존을 넘어 의미를 창조해 가는 과정이라고 했다. 믹스커피는 바로 그 생존과 의미를 연결 짓는 작은 매개체다. 고립된 광부의 목숨뿐만 아니라, 때로는 지옥 같은 삶의 터전에서 우리를 구해내는 작은 위로이자 힘이다. 전생에 지은 죄를 실감하고 싶다면 출퇴근 시간에 2호선이나 9호선 급행열차를 타보라는 말이 있다. 나 역시 매일 지옥철에서 용케 살아남아 일터에 도착하자마자 믹스커피 한잔 휘리릭 말아 숨을 고르곤 했다. 가브리엘 마르셀은 "인간은 스스로를 초월하는 능력을 가졌기에 희망을 이야기한다"고 했다. 믹스커피는 그 희망을 현실로 끌어오는 작은 의식 같은 것이다.

직장인뿐 아니라 이 땅의 주부들에게도 믹스커피는 각별하다. 아이들 깨우랴, 밥하랴 정신없이 분주한 아침, 아이들 등교 후 집안일을 마무리하며 마시는 커피 한 잔은 믹스커피여야 한다. 달콤함과 씁쓸함 사이 오늘 하루를 살아갈 기운을 얻는다. 바쁜 농사철 모 심고 밭매느라 잔뜩 구부러진 허리를 펴고 한 사발씩 들이켜는 커피도 믹스커피다. 심지어 대표 가성비 카페인 메가커피에는 할머니들이 즐겨 드시던 달달한 믹스커피 스타일을 재현한 '할메가 커피'라는 메뉴도 있다. 등산이나 캠핑, 여행 등 야외 활동에서도 믹스커피는 필수 아이템이다. 반드시 스테인리스 컵에 믹스커피를 붓고, 믹스 봉지로 휘휘 저어 마셔야 제맛이다.

배꼽 빠지게 웃다가 펑펑 울기를 반복했던 인생 드라마 <나의 아저씨>는 삶의 무게를 견디며 살아가는 아저씨 삼

형제와 거칠게 살아온 한 여성이 서로를 통해 상처를 치유하는 과정을 따뜻하게 그려낸 작품이다. 이 드라마에서 가장 인상적인 장면 중 하나는 주인공 지안(아이유)이 믹스커피 두 봉지를 한입에 털어 마시는 순간이다. 그 독한 커피를 심지어 하루에도 여러 차례 들이킨다. 여섯 살부터 병든 할머니와 단둘이 살아가는 지안은 꿈이나 희망 같은 단어는 쓰레기통에 버린 지 오래다. 버는 족족 사채를 갚아야 하고, 폭력의 위협에 시달린다. 하루하루 닥치는 대로 일하고, 닥치는 대로 먹고, 닥치는 대로 산다. 그녀의 커피는 즐기는 커피가 아니라 살려고 마시는 커피, 생존 커피 그 자체다. 드라마 내내 어두웠던 지안의 얼굴은 마지막 회에 이르러서야 비로소 환해진다. 점심 후 직장 동료들과 밝게 웃으며 걸어가는 지안의 손에는 믹스커피 대신 아이스 아메리카노가 들려 있다. 그녀의 일상도 커피도 마침내 편안함에 이르렀다.

중국 저장성 리수이에 거주하는 106세 청아이원 할머니의 장수 비결도 믹스커피다. 청 할머니는 커피를 만병통치약이라고 믿는다. 매일 오후 4~5시경 500~700ml에 달하는 믹스커피 한 잔을 무려 100여 년간 섭취해 왔다. 할머니는 1910년대 중국을 찾은 서양인 선교사들을 통해 처음 커피를 접했고, 어릴 적 경제적으로 넉넉했던 부모님 덕분에 당시 매우 귀한 기호 식품이었던 커피를 마실 수 있었다. 결혼 후 남편의 돌연사로 가세가 기울고 면직 공장에 다니며 어렵게 아들을 키웠지만, 노동 후 커피 한 잔을 마시는 습관은 멈추지 않았다. 할머니는 '삶의 무게가 무거워서 어떤 음식도 쉽게 먹지 못했을 무렵에 하루 한 잔의 커피는 유일하게 목마름을 해소해 줬다'고 말했다.

학창 시절 야자(야간 자율 학습) 시간에 친구들과 둘러앉아 에이스 크래커를 믹스커피에 찍어 먹던 기억이 난다. 저녁 먹고 얼마 지나지 않았는데도 다들 밥을 굶은 것처럼 어찌나 맹렬히 달려드는지. 펼쳐 놓기가 무섭게 하나씩 집어 먹다 보면 금방 바닥이 보이곤 했다. 어디선가 "누가 다 먹었어?"를 외쳤고, 모두 깔깔대며 웃곤 했다. 에이스와 믹스커피는 지루하고 고단한 자습 시간을 견디게 해 준 힘이었다.

믹스커피는 온몸의 세포가 파이팅을 외치도록 만드는 활력수이자 생명수다. 그렇다고 믹스커피가 보약이나 건강식이 아니라는 건 안다. 그래서인지 최근 믹스커피 판매량이 많이 줄었다는 소식이 들린다. 가끔 믹스커피를 끼고 사는 지인들이 인상이 후덕해졌다거나 위염이 생기고 콜레스테롤

수치가 나빠졌다는 하소연을 하기도 한다. 그 이유가 온전히 믹스커피 때문인지, 아니면 술이나 야식 같은 잘못된 생활 습관 때문인지는 알 수 없다. 다만, 믹스커피에서 커피-프림-설탕의 황금 비율이 중요하듯 커피 습관에서도 균형을 찾아야 한다. 먹고 죽을 거 아니고 오래오래 마셔야 하니까.

결국 믹스커피는 단순한 기호 식품을 넘어 한 세대의 삶을 관통하는 생존과 위로의 상징으로 자리잡았다. "삶은 우리에게 주어진 시간을 살아내는 것이 아니라 의미를 만들어 가는 과정"이라는 하이데거의 말처럼, 고단한 하루의 틈바구니에서 마시는 믹스커피 한 잔은 작지만 깊은 의미를 품고 있다. 출근 전 지옥철을 지나온 직장인의 아침, 아이들 등교후 잠시 숨을 고르는 엄마의 여유, 논밭에서 허리를 펼 새도 없는 농부의 짧은 휴식, 그리고 지친 마음을 붙잡고 하루를 견뎌내는 사람들의 삶 속에서 믹스커피는 삶의 리듬을 조율하는 작은 도구이다.

그 작은 종이컵 한잔으로 우리는 묘한 위로를 얻는다. 커피의 온기는 일상의 쓴맛을 잠시 잊게 하고, 프림의 부드러움은 거친 현실을 감싸안으며, 커피 향은 낯익고 따뜻한 기억으로 우리를 데려다준다. 믹스커피는 단순한 카페인이 아니라 삶의 무게를 견디게 하는 도구이자, 각자의 자리에서 만들어내는 작은 생존의 철학이다. 어쩌면 우리가 믹스커피를 사랑하는 이유도 그 안에 우리의 삶이 담겨 있기 때문이다. 오늘도 우리는 커피 한 잔을 손에 쥐고 스스로에게 말을 건넨다. "잘하고 있어. 조금 더 버텨보자."

데일리 커피 익스프레스

믹스커피와 여성 인권

인스턴트커피는 남북전쟁 시기에 발명되었지만, 당시에는 수요가 없어 자연스럽게 사라졌다. 그러나 1976년 동서식품이 세계 최초로 봉지 하나에 1회 분량을 넣은 커피믹스를 발명했다. 처음에는 믹스커피를 타는 것이 커피를 끓여 마시는 것보다 번거롭다는 이유로 한동안 외면당했지만, 1990년대 냉온수기가 보급되면서 물을 쉽게 공급받을 수 있게 되자 믹스커피에 대한 관심이 급증했다.

냉온수기의 보급으로 커피를 간편하게 마실 수 있게 되면서, 직장에서 여직원이 커피를 타는 문화가 점차 사라지기 시작했다. 그동안 회의나 손님 접대 시 다과와 커피를 준비하는 일이 여직원의 몫으로 여겨져 많은 여성이 이에 반발했지만, 여직원들이 해왔던 일이라며 당연시되었고, 반발하는 이들을 오히려 나무라는 분위기도 있었다.

동서식품의 믹스커피는 의도치 않게 직장 내 성인지 감수성을 높이는 데 크게 기여한 셈이다.

Coffee & Music

드라마 <나의 아저씨> OST 손디아의 '어른'

이 세상에 내 편이 하나도 없이 나 홀로 버려진 듯한 날이라면, 믹스커피 한 잔을 타서 드라마 <나의 아저씨> OST 손디아의 '어른'을 들어보길 권한다. 곡의 잔잔한 멜로디가 드라마 전반의 무겁고 쓸쓸한 분위기를 떠올리게 해 마음을 더 가라앉힐 수도 있지만, 동시에 그 속에 담긴 등장인물들이 서로의 상처를 보듬어주고 치유하는 이야기가 생각나 마음이 꽉 채워진다. 힘들고 지친 박동훈과 이지안이 서로에게 건네는 작은 위로들은 삶을 지탱하는 힘이 되었고, 그렇게 그들은 또 하루를 살아갈 수 있었다. 이 노래와 함께라면 당신도 다시 힘찬 발걸음을 뗄 수 있을 것이다.

삶의 무게를
견뎌내는
지혜

아이스 아메리카노

아이스 아메리카노, 일명 '아아'는 컵에 얼음을 채우고 물을 담은 뒤 에스프레소를 부어 만든 커피다. 아이스 아메리카노는 뜨거운 커피보다 물을 약 10% 적게 넣는 것이 좋으며, 음료는 컵의 80~90% 정도만 채워야 넘치지 않는다. '아아'의 황금 비율은 '90-40-90' 얼음 90g, 에스프레소 40ml, 물 90ml로 알려져 있다.

얼음+더블 에스프레소(2샷)

14~20g, 25~30초, 45~60ml+물 130~220ml

지방에 살다 서울에 올라와서 신기했던 경험 중 하나는 지하철에서 사람들이 뛰는 모습이었다. 처음에는 무슨 큰일이 난 줄 알고 덩달아 뛰었지만 곧 들어오는 지하철 때문이라는 걸 알고 어이가 없었다. 기차나 고속버스처럼 간격이 길어 오래 기다려야 하는 것도 아니고, 조금만 기다리면 다시 오는데 왜 굳이 뛰면서까지 이번 열차에 타야 하는 것일까? 어차피 기다려 봐야 1~2분일 텐데 말이다.

　　어린 시절을 보낸 고향 전주에서는 출퇴근 시간에 뛰는 사람을 거의 본 적이 없다. 전주 사람들도 한국 사람인데 성질 급한 사람이 없을 리 없고, 빨리빨리 문화가 없을 리도 없다. 양반 도시라서 다들 점잖은 게 아니라 전주는 그냥 뛸 일이 별로 없다. 전주는 지하철도 없고 대부분 버스나 자차를 통해 이동한다. 서울처럼 인구가 많지 않고 차도 막히지 않아 다음 버스를 타면 된다. 우리가 조급해하는 건 개인의 탓만이 아니다. 삶의 여유는 뛰지 않아도 되고, 빨리빨리 하지 않아도 되는 여유를 허용하는 사회 시스템과 문화가 만들어낸다.

　　영하 10도를 밑도는 한파가 계속되던 1월의 어느 날이었다. 너무 추워 몸을 녹이려고 들어선 카페, 픽업대에 있는 음료 10잔 중 8잔이 아이스 아메리카노였다. 얼어 죽을 것 같은 추위에 아이스 커피라니. 한국인은 계절에 상관없이 차가운 커피를 마신다. 한겨울에도 아이스 아메리카노가 뜨거운 커피보다 더 많이 팔린다. 스타벅스 코리아에 따르면 2022년 아이스 음료는 전체 음료 매출 가운데 76%를 차지했다. 10잔 중 8잔 가까이 아이스 음료가 팔린 셈이다. 특히 1월에도 뜨거운 아메리카노보다 아이스 아메리카노가 10%가량 더 많이 판매되었다.* 눈으로 보고도 믿어지지 않았던 겨울 아침의 풍경이 데이터로 정확히 입증되었다.

대한민국에서 아아는 단순히 아메리카노의 아이스 버전이 아니라 하나의 독립적인 메뉴로 봐야 한다. 한국인은 왜 아이스 아메리카노를 죽도록 사랑하는 걸까. 드라마와 K-POP의 인기가 높아지면서 한국인의 '아아' 사랑은 해외 팬들에게도 익숙해졌다. AFP통신은 얼죽아(얼어 죽어도 아이스 아메리카노)와 아아를 각각 'Eoljukah', 'Ah-Ah' 단

---

* ""얼어 죽어도 아이스"… 외신도 주목한 한국인의 '아아' 사랑," 조선일보, 2023.02.11. 17:55 수정, 2025.01.06. 접속, https://www.chosun.com/international/international_general/2023/02/11/BWS22S377BBKVFBNPPIL4US6VY/.

어 그대로 소개하며 '한국의 아이스 아메리카노 사랑'을 집중 조명하기도 했다. 매체는 추운 날씨에도 아이스 아메리카노를 즐겨 마시는 한국인들의 인터뷰를 전하며 한국 특유의 '빨리빨리' 문화가 얼죽아 인기를 만들어낸 것 같다고 분석했다.** 뜨거운 음료는 온도가 식기까지 기다려야 하지만, 아이스 음료는 바로 마실 수 있기 때문이다. 짧은 점심시간에도 빨리 마실 수 있어 편하고, 들고 이동하기에도 편하다 보니 아아가 커피 트렌드로 자리 잡았다. 이젠 영하의 날씨에 롱패딩, 목도리, 마스크, 털장갑까지 완전 무장하고 아이스 커피를 든 사람들의 모습을 봐도 놀랍지 않다. 튼튼한 위장과 젊음이 부러울 뿐이다.

커피 한 잔을 느긋하게 즐기는 것도 녹록지 않은 한국의 커피 문화와 달리 오랜 시간 최선을 다해 커피를 즐기는 곳이 있다. 아라비카 커피의 원산지인 에티오피아에서는 자국의 커피 문화와 역사에 대한 자부심이 담긴 전통 의식이 지금까지 이어져 온다. 다도와 닮아 있는 커피 세리머니 '분나 마프라트(Bunna Maffrate)'이다. 하루 3번, 한 번에 3잔씩 커

** 위의 기사문.

피를 마시는 의식을 진지하게 즐기는 마프라트는 10단계로 이루어진다.

1. 행운을 불러온다는 케테마라는 풀잎이나 꽃을 이용하여 바닥에 장식한다.

2. 원두와 화로, 커피잔, 향 바구니, 향로를 준비하여 의자에 앉는다.

3. 먼저 숯을 피우고, 송진이나 유칼립투스를 숯에 넣어 신성함을 빈다.

4. 커피를 기다리며 먹을 펀디 샷(팝콘)이나 다보(빵)를 제공한다.

5. 생 커피콩을 나무 절구에 넣어 으깨어 껍질을 벗겨낸 후, 물을 부어 씻어 낸다.

6. 이제 원두를 숯에 올려 태우지 않도록 볶는다. 다 볶으면 손님에게 향을 맡게 한다.

7. 물을 넣은 제베나(주전자)에 숯을 올린다. 그리고 잘 볶아진 원두를 절구에 넣어 가루로 만든다.

8. 빻은 커피 가루를 제베나에 넣어 물이 넘치지 않도록 끓인다.

9. 끓인 커피는 거름망을 통해 커피 찌꺼기를 거른 후,

잔에 따라 준다.

10. 커피는 총 3잔을 제공해 주며, 각기 다른 의미를 가지고 있다. 첫 번째 잔은 아볼(Abol) 우애이며, 두 번째 잔은 후엘레타냐(Hueletanya) 평화이며, 세 번째 잔은 베레카(Bereka) 축복이다.[***]

우애, 평화, 축복을 건네는 커피라니 삶의 지혜가 엿보이는 참으로 근사한 커피 문화다. 우리는 왜 에티오피아처럼 커피를 우아하게 마시지 못하고 얼죽아를 몸에 들이부으며 허겁지겁 마시는지 한탄하고 싶지 않다. 한국의 비약적인 경제 성장 뒤에는 '빨리빨리'를 추구하는 한국인의 독특한 삶의 방식이 자리잡고 있다. '빨리빨리'는 한국인들이 가장 많이 쓰는 말이자, 외국인들이 가장 먼저 배우는 한국말이다. 전자레인지 몇 초도 채 기다리지 못하고 음식을 꺼내고, 엘

[***] " 커피를 대하는 신성한 의식, 에티오피아의 분나 마프라트," 티스토리, 2022. 2. 23. 수정, 2025.01.06. 접속, https://7jkj9.tistory.com/entry/%EC%97%90%EB%94%94%EC%98%A4%ED%94%BC%EC%95%84%EB%B6%84%EB%82%98-%EB%A7%88%ED%94%84%EB%9D%BC%ED%8A%B8%E3%85%A1%EC%BB%A4%ED%94%BC%EB%A5%BC-%EB%8C%80%ED%95%98%EB%8A%94-%EC%8B%A0%EC%84%B1%ED%95%9C-%EC%9D%98%EC%8B%9D.

리베이터 닫힘 버튼을 연타하며, 비행기가 착륙하자마자 서둘러 짐을 내린다. 이런 성향 덕분에 초고속 인터넷, 로켓배송, 한집배달, 테이블 벨 등 속전속결 시스템이 발전했다. 대한민국은 바라보는 외국인만 신기한 것이 아니라 직접 살고 있는 우리가 보기에도 경이롭다.

역동적인 사회 속에서 한국인은 놀라우리만치 변화하는 환경에 빠르게 적응하며 발전을 이뤄왔다. 한국인이 목표를 달성하기 위해 중시하는 효율의 가치는 자신을 성장하고 발전하게 하는 원동력이다. 아무리 커피가 좋고 느긋함이 좋다고 해도 에티오피아에 가서 '분나 마프라트' 의식을 매일 즐기며 살라고 한다면 다들 고개를 절레절레 저을 것이다. 키오스크 터치 몇 번에 아아가 나오는 게 더 좋다. 한국인은 신속함이 주는 편리함과 풍요로움에 이미 익숙해져 있다. 빨리빨리 문화의 이점을 누리는 동안 잃어버린 것도 많다. 부실 공사로 인한 잦은 붕괴 사고, 산업 현장의 빈번한 안전사고, 교통사고 사망률 세계 1위, 자살률 1위, 행복지수는 OECD 꼴찌다. 빠르다는 것은 과정을 소홀히 하고 결과만 빨리 얻으면 된다는 의미가 아니다. 정확하고 신속하게 해결한다는 것이다. 한국인의 뛰어난 민첩함과 집중력이 조급함으로 치닫는 것은 안타까운 일이다. 조금만 '천천히' 주변을 살피는 여유가 필요하다.

좁은 땅에서 치열한 경쟁을 견디며 살아내는 한국인의 몸부림은 독특한 커피 문화, '아아'를 만들어냈다. 속도와 효율을 추구하며 살아가는 현대인의 표상이다. 아아를 허겁지겁 들이켜며 바쁜 일상을 이어가는 모습이 때로는 안쓰럽기도 하다. 그러나 그 속에는 우리를 초월하게 하는, 스스로를 단단히 지탱하며 앞으로 나아가게 하는 원동력이 숨어 있다. 삶의 속도가 빠른 것이 나쁜 일만은 아니다. 과정을 성찰하고 살피는 여유를 놓치지 않는 것이 중요하다. 오늘도 우리는 아아 한잔을 들고 쿨하게 하루를 버텨낸다. 한국인에게 아아는 고효율을 위한 삶의 지혜다.

데일리 커피 익스프레스

에티오피아 커피 인사말

에티오피아에는 커피라는 단어가 없다. 커피라는 단어가 에티오피아 북부 지역 카파(Kaffa)에서 유래했다는 주장도 있지만, 에티오피아인들은 커피가 아니라 분나(Bunna)라고 부른다. 커피의 고향인 아라비카의 발상지답게 커피는 그들의 일상과 깊은 연관이 있다. 에티오피아에서 커피를 마시는 행위는 단순한 음료를 즐기는 것을 넘어서, 삶의 중요한 일부이자 사회적 행위로 여겨진다. "커피 마셨니?", "커피 마실래?", "커피 줄까?"는 에티오피아인들이 자주 나누는 인사말이다. 에티오피아의 '커피'는 한국의 '밥'과 닮아있다. 한국인들의 흔한 인사말 "밥 먹었어?", "밥 한번 먹자"처럼 말이다.

• 누 분나 테투(Nu Bunna Tetu) : 커피나 한잔 할까?

• 분나 테투(Bunna Tetu) : 커피를 마시자.

• 분나 아보 나오(Bunna dabo naw) : 커피는 우리의 빵이다.

Coffee & Music

10CM의 '아메리카노'

2010년 인디밴드 10CM의 아메리카노를 처음 들었을 때 정말 신박했다. 경쾌하고 부드러운 멜로디에 짧고 굵은 후렴구가 묘하게 중독적이었다. 처음엔 "음메 음메 음메 음메 음메"로 들렸던 후렴이 자꾸 듣다 보니 그제서야 "아메 아메 아메 아메 아메"로 선명해졌다. 처음엔 커피에 대한 처절한 찬가인가 싶었지만, 알고 보니 월세방에 살며 돈도 없고, 여자친구와 싸우고, 짜장면 한 그릇 먹고 후식으로 커피를 마시는 어느 찌질한 남자의 이야기였다. 시럽도 설탕도 빼고 마신다는 그의 아메리카노는 아마도 뜨거운 커피가 아니라 얼음을 와자작 씹어 삼키는 아이스 아메리카노일 것이다. 여름날 아이스 아메리카노를 손

에 들고 더위를 식히며 걷는 순간 들려오는 음악
은 10CM의 '아메리카노'여야 한다.

오리지널이
답이다

터키시 커피

터키시 커피(Türk kahvesi, 튀르크 카베시)는 튀르키예에서 유래한 달임식 커피를 말한다. 커피콩을 볶고 잘게 간 후에 뚜껑이 없는 '제즈베(Cezve)' 혹은 목이 길쭉하고 뚜껑이 있는 '이브릭(Ibrik)'이라는 커피 주전자에 직접 끓여낸다. 그래서 터키시 커피를 '제즈베' 혹은 '이브릭'이라고도 부른다. 머신이나 그라인더 등 복잡한 기계 없이도 튼튼한 주전자 하나만 있으면 된다. 이후 수많은 커피 추출 방법은 터키식 달임 커피에서 응용되어 나온 것이다.

터키시 커피 끓이는 법

1. 제즈베에 물을 담는다(1인당 1컵).

2. 튀르키예 커피 가루 2티스푼과 설탕 1티스푼을 넣는다.

3. 약한 불에서 끓인다. 끓어올라서 거품이 나기 시작하면

재빨리 제즈베를 들어 거품이 가라앉도록 한다.

거품이 가라앉으면 다시 불 위에 올려놓고 끓인다.

4. 3~4회 거품이 올라갔다 가라앉기를 반복한 후

커피 찌꺼기를 바닥에 깐 채로 마신다.

5. Afiyet olsun!(아피옛 올순, 튀르키예어) : 맛있게 드세요!

원조가 흔해진 세상이다. 통영에 충무김밥을 먹으러 갔더니, 여기도 원조, 저기도 원조, 죄다 원조라고 써 붙이고 있어서 도통 어디가 원조인지 알 수 없었다. 짝퉁 원조가 판을 치니 원조의 원조를 따져야 할 지경이다. '오리지널(Original)'은 원조, 원본, 원형을 의미하며, 동시에 이전과 다른 새로운 무언가 혹은 남과 다른 독창성을 가진 사물이나 사람을 뜻하기도 한다. 요즘엔 OTT 플랫폼이 콘텐츠의 기획, 투자, 제작에 직접 참여해 독점적으로 제공하는 콘텐츠에도 오리지널이 붙는다. 이는 오리지널의 의미가 최초와 독창성에서 독점적이라는 뜻으로 확장되고 있음을 보여준다.

특히 넷플릭스가 오리지널에 집착하는 방법은 '콘텐츠 경쟁력 강화'라는 정공법이다. 오리지널은 본질에 충실하고 이를 지키기 위해 집착할수록 그 가치가 더욱 빛난다.

세상은 넓고 커피 종류는 많다. 커피의 원조, 커피의 오리지널은 터키시 커피다. 햇볕도 하늘도 바람도 적당한 어느 봄날, 경의선 숲길을 걷다 우연히 한 카페 앞에서 발길이 멈췄다. 작고 투박한 곳이었는데 공간이 오픈되어 밖에서 안이 훤히 보였다. 이색적인 공간이 많은 경의선 숲길에서 그 카페에 시선이 간 이유는 바리스타가 제즈베를 모래 위에 올려놓고 손을 빠르게 움직이는 모습 때문이었다. 말로만 듣던 샌드커피를 이렇게 만나게 되었다. 입구에 들어서니 구석에 커피콩을 볶는 로스터기가 보였다. 직접 로스팅을 하는 걸 보니 일단 원두의 신선도는 확실할 것이고, 전체적으로 군더더기 없이 깔끔한 인테리어가 커피에 집중한다는 느낌이라서 더 마음에 들었다. 메뉴 역시 제즈베 오리지널, 제즈베 브루잉, 커피 베리에이션, 논커피 베버리지로 비교적 간결했다.

제즈베 오리지널은 제즈베에 원두, 물, 설탕을 넣고 끓여 그대로 따라 주고, 제즈베 브루잉은 드리퍼에 걸러 준다. 특이한 점은 제즈베를 불이 아니라 거대한 모래 사발 위에 올려놓고 끓이는 것인데, 모래 온도가 무려 300도다. 모래에 제즈베를 올려 요리조리 돌려가며 열을 가해 끓이는 방식이다. 제즈베 오리지널은 커피 가루가 그대로 남아 있어서 천천히 기다렸다가 가라앉으면 마셔야 한다. 전통적인 방식이 처음이라 브루잉을 주문할까 잠시 망설였지만, 원조 집에서는 시그니처 메뉴를 즐겨줘야 제맛이다.

제즈베 오리지널을 주문해 놓고 커피 가루가 가라앉기를 기다리며 그제야 카페 이름을 봤다. 논탄토(nontanto). 이름이 특이하다. 논탄토는 음악 악보에서 쓰이는 말로 '너무 지나치지 않게' 혹은 '좋은 의미를 잔잔하게'라는 뜻이다. 어느 인터뷰에서 논탄토 김광수 대표는 화려하거나 지나치거나 자극적인 것이 아니라, 카페를 구성하는 모든 것들이 균형을 이루며 누구나 편하게 느낄 수 있는 공간을 만들고 싶었다고 말했다. 논탄토에서 머문 1시간 남짓한 시간 동안 카페의 모든 것이 논탄토의 의미처럼 충만했다. 커피와 공간을 즐기기에 더할 나위 없이 좋았다.

전국에 카페가 93,414개가 있다. 이상하게 카페가 많을

----

* 2023년 1월 기준, 국세통계포털

수록 커피를 제대로 하는 카페를 좀처럼 만나기 어렵다. 저가 커피는 향미가 떨어지고, 대형 프랜차이즈 커피는 고만고만한 맛을 낸다. 커피 메뉴는 김밥천국 저리 가라인데 커피맛은 형편없다. 커피에 진심인 카페들은 비싼 임대료를 감당하기 어려워 도심보다는 골목 깊숙이 혹은 외곽으로 빠져 있어 접근성이 떨어진다. 가끔 도심 역세권이나 집 근처에서 좋은 커피를 만나면 사막의 오아시스를 만난 듯 반갑고 설렌다.

그런 곳은 어김없이 단골이 되곤 하는데, 카페 사장님들과도 친해져 커피를 주문하며 간단한 대화를 나누곤 한다. "오늘 커피 좋은데요. 전보다 사람도 더 많아진 것 같아요. 장사 잘 되시죠?"라고 말을 건네면 "감사합니다. 주변에 카페가 너무 많아서 힘들어요. 인테리어를 새로 해야 하나, 베이커리를 더 늘려볼까 고민중이에요."라는 답변이 돌아온다. 얼마 후 다시 방문하니 테라스를 새로 꾸미며 야외 테이블을 놓고, 에그 타르트와 까눌레 같은 간단한 베이커리도 준비해두었다. 그런데 결정적으로 커피 맛이 별로다. 원두 보관 상태에 문제가 있었는지 쿰쿰하고 좋지 않은 향미가 올라온다. 그러다 오랜만에 다시 찾았더니 이미 다른 가게로 바뀌어 있다.

발로 차이는 게 카페가 되어버린 시대에 카페들의 정공법은 화려한 인테리어와 다양한 베이커리가 아니라 커피 그 자체여야 한다. 스페셜티 전문 매장은 대부분 커피를 직접 로스팅하여 판매하는 로스터리 카페다. 여러 종의 생두를 선별하여 구입한 후 각 생두의 특성과 향미를 최대한 발휘할 수 있게 로스팅하고, 갓 로스팅된 원두로 음료를 만들어 고객에게 제공한다. 고객 만족도가 높은 건 말할 것도 없다. 본질에 집중하면 길이 선명해진다. 하지만 그 과정이 지난하고 고통스럽기에 회피하거나 간편한 것을 찾는다.

우리의 삶도 마찬가지다. 사람들은 자신을 발견하기 위해 새롭고 낯선 곳을 찾아 떠난다. 그곳에 가면 마치 내가 모르던 새로운 나에 대한 정답이 놓여 있기라도 한 것처럼. 물론 떠나 봐야 더 큰 세상이 있음을 알게 되고, 여행이 인생을 바꾸는 경험이 되기도 하지만 꼭 떠나야만 알 수 있는 건 아니다. 자신을 발견하는 여정은 낯선 곳에서만 이루어지는 것이 아니라, 익숙한 일상에서도 충분히 가능하다. 중요한 것은 어디에 있느냐가 아니라 자신을 바라보는 깊이와 태도이다. 마르셀 프루스트의 말처럼 여행은 장소를 옮기는 일이 아니라, 새로운 시각으로 세상을 바라보는 법을 배우는 일이다.

아름다운 모로코 풍경과 매력적인 두 배우의 열연이 빛났던 영화 <론리 플래닛(Lonely Planet)>. 이 영화는 각자의 연인과 사랑이 끝나가는 두 남녀가 우연히 모로코에서 열리는 유명한 작가 리트릿에서 만나 새로운 사랑을 시작하는 내용이다. 둘은 우연히 시내 투어를 함께하게 되고, 대화를 나누며 서로를 알아가고 공감하게 된다. 그러면서 남자는 사실 여행을 별로 좋아하지 않는다고 말한다. 다들 인생을 바꾸는 경험이 될 거라고 하지만, 새롭고 이국적인 곳에서 발견하는 나는 새롭거나 이국적이지 않은 그냥 나일 뿐이라고 말한다.

2008년 박사 과정 시절부터 경영학부 학생들을 대상으로 강의를 했다. 학생들은 50대 이상의 남성 교수님들만 보다가 30대 초반의 젊은 여교수가 신기했는지, 생물학적 거리감이 덜해서인지 개인적인 상담을 하러 왔다. 유독 대학교 1학년 남학생들이 많이 찾아왔는데 모두 같은 고민이었다. 열심히 공부해서 대학만 오면 다 끝나는 줄 알았는데 앞으로 어떻게 살아야 할지 막막하다는 것이다. 자신이 원하는 삶을 살라고 하는데 내가 원하는 게 무엇인지 도통 모르겠다고 한다. 한참 대화를 나누고 나면 학생들은 "교수님 너무 감사

합니다. 큰 도움이 되었습니다."라고 폴더 인사를 하고 사라졌다. 사실 내가 신묘한 처방을 내려준 것도 아니다. 그저 학생의 얘기를 들어준 것 외에는 딱히 한 게 없다. 나도 그들과 마찬가지로 미로를 헤매고 있던 박사 과정생에 불과했으니까.

자기다움이 무엇인지 20대에 터득한 자가 있을까. 반백에 가까운 나이에 이른 나는 지금도 잘 모르겠다. 애초에 간단한 문제라면 저명한 철학자들이 인류 역사를 통틀어 '어떻게 살아야 하는가'를 그렇게 치열하게 고민하지 않았을 것이다. 가수 이문세 씨는 노래 <알 수 없는 인생>에서 "언제쯤 사랑을 다 알까요. 언제쯤 세상을 다 알까요. 얼마나 살아봐야 알까요. 정말 그런 날이 올까요."라고 노래한다. 다 알지 못할 것을 미리 아는 그가 현인이다. 인생은 자기만의 빛을 찾아가는 여정이다. 그 빛은 남과 다른 자기다움이다. 이 광활한 우주에 나라는 존재는 나밖에 없다. 나의 원형은 하나뿐이다.

유한한 시간 속에 이루어지는 삶의 여정에서 인간은 누구나 진짜인 나로 살고 싶다. 탈무드에 '진실을 더하려면 진실을 빼라'는 말이 있다. 진실에는 진실이라고 믿고 싶은 거

짓이 더 많다는 뜻이다. ≪자기다움≫의 저자 권민도 자기 모습 중 없애고 싶은 것이 있다면 그것이 자신의 진짜 모습이고, 없애고 싶지 않은 부분은 오히려 진짜 내가 아닐 수 있다고 말한다. 인간은 자신이 아닌 자신에 더 집착한다. 내가 아닌 나를 다 빼고 나면 다소 앙상하더라도 나의 원형을 만날 수 있다. 자기를 찾는다고 자기다움이 완성되는 것은 아니지만, 자기다움의 정공법은 우선 나를 찾는 데서 시작된다. 그렇게 나만의 고유한 색과 형태를 지닌, 단 하나뿐인 오리지널이 완성된다.

데일리 커피 익스프레스

세계 최초의 카페 키바 한(Kiva Han)

세계 최초의 커피 하우스는 1475년 오스만 제국 (현재 튀르키예)의 수도 콘스탄티노플에 개점한 '키바 한(Kiva Han)'이다. 당시 카페는 아라비아 의 초기 '길거리 카페'에서 변모한 것이다. 아마 도 터키인은 땅바닥에 앉아 커피를 마시는 모습 이 점잖지 못하다고 생각한 것 같다. 그래서 사 람들을 건물 안으로 옮겨서 마시도록 했는데, 이 것이 바로 현대 카페의 원형이다. 오스만 제국의 첫 카페가 문을 열자 커피 문화가 유럽에 전파되 었다. 먼저 오스만 제국과 우호적인 관계였던 이 탈리아 베네치아로 옮겨갔고, 이후 네덜란드인이 식민지에 커피나무를 심기 시작하면서 유럽에 전 파되었다. 1629년에는 베네치아에 유럽 최초로 커피 하우스가 탄생했고, 영국 런던에는 1650년, 프랑스 파리에는 1672년에 첫 커피 하우스가 생 겼다. 커피 하우스는 이후 유럽 문화와 예술, 정치와 혁명의 중심지가 되었다.

Coffee & Music

히자르 시르토(Hicaz Sirto)

뒤르키예 클래식 음악의 대표주자라 할 수 있
는 히자르 시르토(Hicaz Sirto). 국왕이었던 압
둘아지즈 술탄(Sultan Abdülaziz Han, 재위
1861~1876)이 직접 작곡한 음악으로 몽환적이면
서도 낭만적인 분위기가 인상적이다. 뒤르키예
음악은 유럽과 아시아에 인접하여 두 문명이 조
화 혹은 충돌하며 독특하고 신비로운 빛깔을 낸
다. 뒤르키예의 음악은 1옥타브의 음이 무려 25
개로 되어있어서 서구의 악기뿐 아니라 우리나
라 악기로 연주하기도 한계가 있다. 한국과 터키
는 '형제의 나라'로 불릴 만큼 관계가 돈독하다.
실제 터키 언어는 한국어와 어순이 비슷하고, 문
화적으로도 어른을 존경하고 가족애를 중시하는
전통이 강하다. 뒤르키예 음악 역시 우리나라 민

요처럼 슬프고 애절한 '한'과 애환의 정서를 담고
있다. 잘 알려지지 않은 튀르키예 음악의 색다른
매력에 빠져 보길 바란다.

오늘도
잘 먹고
잘 살기 위해

달걀 커피

달걀 커피는 블랙커피나 믹스커피에 달걀노른자를 넣어 만든 커피다. 국내에서는 1950~70년대 아침 대용으로 마시던 모닝커피로 유명하며, 베트남 달걀 커피는 달걀노른자를 이용한 크림을 넣어 마시는 방식으로 잘 알려져 있다. 일찍이 커피 문화가 발달한 유럽에도 달걀노른자를 넣은 커피가 있다. 오스트리아의 '샬레 골드(Shale Gold)' 커피는 카페 오레에 노른자를 띄운 방식이며, 스웨덴의 달걀 커피는 커피 분말에 달걀 한 개를 넣고 섞은 후 뜨거운 물을 부어 마시는 방식이다.

달걀 커피 만들기

1. 노른자 2개에 설탕 2스푼 넣기

2. 쫀득한 거품이 될 때까지 거품기로 젓기

3. 스틱 원두커피 한 봉지에 물 붓고, 그 위에 달걀 거품 올리기

4. 시나몬 가루 뿌리기(선택)

1인분 기준 : 달걀노른자 2개, 설탕 2T, 시나몬 가루(혹은 코코아 가루)

커피를 좋아하는 친구가 요즘 모닝커피로 즐겨 마시는 커피가 있는데 강추한다며 달걀 커피 인증샷을 SNS에 올렸다. 커피에 달걀을 넣는다고? 커피와 달걀을 따로 먹는 것도 아니고 이게 무슨 괴이한 조합이며, 신성한 커피에 대체 무슨 짓을 하는 건가. 쌍화탕에 달걀을 넣어 먹는 건 드라마나 영화 시대물에서 가끔 본 것 같은데, 커피에 달걀을 넣어 먹는 건 도대체 어디서 나온 족보 없는 레시피인가.

도저히 어울릴 것 같지 않은 커피와 달걀의 조합은 1950~70년대 시대를 풍미한 달걀 커피로 우리나라에서도 '모닝커피'라는 이름으로 불렸다고 한다. 모닝커피는 바쁜 아침에 밥 대용으로 먹는 고급 음료였다고 하는데, 가격은 1970년 기준 50원으로 자장면 한 그릇 가격과 비슷한 수준

이다. 커피 가격이 엄청나게 올랐음에도 스타벅스 아메리카노가 자장면 한 그릇보다는 저렴한데 커피가 자장면보다 비쌌다면 정말 고급 음료였음이 틀림없다.

그런데 왜 굳이 커피에 달걀노른자를 띄워 먹는 걸까? 달걀 비린내가 커피의 풍미를 해쳐 이도 저도 아닌 이상한 맛이 날 것 같은데 말이다. 쌍화차의 경우 쌍화차에 노른자를 넣으면 몸에서 생성되는 활성산소를 제거하는 데 도움이 되고, 쌍화차의 쌉쌀한 맛을 노른자가 부드럽고 깊게 만들어 더 맛있어진다고 한다. 호기심 많은 누군가는 색깔도 비슷하고 쌉쌀한 맛이 나는 커피를 마시며 쌍화차를 떠올린 것 같다. 커피에 넣은 달걀은 커피의 쓴맛을 잡아주고, 달걀의 비린내는 커피가 감싸주면서 영양소가 풍부하고 부드러운 달걀 커피가 탄생했다. 여기에 참기름 한 방울을 떨어뜨려 고소함을 즐기는 사람들도 있다고 하니 이 조합은 가히 오리엔탈의 경지다.

말로만 듣고 눈으로만 봤던 달걀 커피를 직접 마셔본 것은 한참 후인 2017년 베트남 하노이 여행에서였다. 베트남 여행이 무척 설레었던 이유는 독특한 커피 문화를 경험할 수 있겠다는 기대감 때문이었다. 베트남은 세계 2위 커피 생산국이자 수출국으로, 카페에서 많이 사용하는 저렴한 로부스타 원두를 가장 많이 생산하는 국가이다. 베트남의 커피 재배는 19세기 프랑스 식민지 시대에 한 프랑스 선교사에 의해 시작된 것으로 알려져 있다. 베트남 사람들은 대한민국이 커피 공화국이 되기 한참 전부터 커피를 즐겨 마시고 있었다.

우리나라에 카페가 많다고 하지만 베트남보다 많을까. 특히 하노이는 쌀국숫집만큼이나 카페가 많다. 여기가 커피 천국이다. 그렇게 천국을 누비다 들어간 곳은 베트남 대표 로컬 블랜드 '하이랜드(Highland)'였다. 저렴한 가격에 현지인들이 가장 좋아하는 프랜차이즈 카페로, 스타벅스도 하이랜드 앞에서는 맥을 못 춘다. '어떤 것을 고를까요' 신나는 마음으로 메뉴판 앞에 섰는데 베트남어로 되어 있어 뭐가 뭔지 도무지 알 수가 없다. 주문하려는 사람이 너무 많아 일일이 물어보기 어려워 사람들이 마시는 커피를 슬쩍 스캔해 보았다. 그중 유독 눈에 띄는 커피가 있었는데 커피 위에 커스터드 같은 크림이 올려져 있었다. 오호, 오늘의 커피는 이거다. 매장 직원에게 다른 손님이 마시고 있는 커피를 가리키며 저거 달라고 주문했다. 커피 이름이 뭐냐고 물으니 달걀 커피란다. 아! 달걀 커피!

비린내가 날 것 같아 주저했던 달걀 커피는 기대 이상으로 맛있었다. 비결은 노른자 동동이 아니라 노른자 크림이었다. 달걀 커피는 달걀노른자로 만든 크림을 넣어 마시는 커피로 하노이에서 유명하다. 무엇보다 따뜻한 온도가 중요하다. 이를 위해 따뜻한 물이 담긴 종지 안에 컵을 올려주고, 달걀 크림이 익지 않도록 빠르게 저어주면 완성이다. 블랙커피를 베이스로 사용하며, 달달한 커피를 좋아하는 사람들은 설탕이나 연유를 넣어 마시기도 한다. 카페에 앉아 현지인처럼 능청스럽게 달걀 커피를 마시며 분주한 거리를 감상하는 것도 베트남 여행의 또 다른 즐거움이다.

대한민국식 모닝커피는 설탕, 프림을 다 넣은 커피에 달걀노른자를 하나 떨어뜨린 것이다. 그 시절 바쁜 출근길 직장인들이 다방에 들러 달걀 커피 한 잔을 마시면 아침을 먹지 않아도 오전을 버텨내기에 부족함이 없었다. 일타쌍피, 영양과 카페인을 동시에 챙길 수 있는 똘똘한 음료였다. 그렇다고 아침을 제대로 챙겨 먹는 것에 비하면 어림없지만, 이렇게라도 먹으면 건강을 챙길 수 있을 것 같다는 합리화의 일환이다. 자기 몸을 챙기지 못하는 것에 대한 죄책감을 이렇게라도 덜어낸다. 한국인은 밥심인데 밥 먹을 시간이 없어 대용식이 유행이다. 프로틴, 오트밀, 그래놀라 바, 젤리 등 포만감도 느껴지고 영양소도 고루 갖춘 한 끼 대용 식품이 넘쳐난다. 직장인, 학생, 다이어터에게도 인기가 좋다.

삼시세끼를 다 챙겨 먹어야 하는 건 아니지만 하루의 시작인 아침을 소홀히 하는 경우가 많다. 현대인에게 하루 세 끼가 익숙하지만, 삼시세끼가 생겨난 것은 20세기 후반이다. 조선시대는 기본적으로 두 끼를 먹고, 상황에 따라 간단한 점심을 먹었다고 한다. 20세기 들어 도시 노동자의 증가로 일거리와 활동량이 많아지면서 세 끼가 확산된 것으로 보인다. 무엇보다 농산물 생산력과 경제적 수준이 높아지면서 세 끼를 다 먹을 수 있을 만큼 풍족해졌다.

하지만 삼시세끼를 제대로 챙겨 먹는 현대인은 드물다. 시간이 없어 아침을 거르거나 대충 챙겨 먹고 집을 나서 오전 시간을 버텨 낸다. 점심이라도 알차게 먹으면 그나마 다행이다. 그마저도 시간에 쫓겨 허겁지겁 먹거나 삼각김밥에 컵라면, 간편식 등으로 채우곤 한다. 그렇게 공허한 하루가 끝날 즈음 저녁에 종일 못 먹은 음식을 때려 넣는 폭식을 하거나, 다이어트 걱정에 제대로 먹지도 못하고 러닝머신 위를 달린다. 도대체 언제 제대로 된 식사를 할 수 있는 걸까.

인간은 누구나 다 잘 먹고 잘살고 싶어 한다. 고진감래(苦盡甘來). 힘든 걸 참으며 하루 종일 공부하고 일하는 이유도 잘 먹고 잘살기 위해서다. 한국 사회가 먹방에 열광하는 이유도 삼시세끼 먹고 살려고 일하는데 정작 일하느라 제대로 챙겨 먹지 못하는 현실에 대한 보상 심리라고 할 수 있다. 유발 하라리는 그의 저서 ≪사피엔스≫에서 기원전 9000년경 채집이 아닌 정착을 통한 농경사회가 삶의 방식을 크게 개선했으나, 더 나은 삶을 위한 일련의 개선은 농부들에게 더 많은 노동과 불안을 안겨 주었다고 말한다. 수확량이 증가하자 출생률이 증가하고 더 많은 식량이 필요해지자 더 많은 노동을 하게 된 것이다. "더 나은 삶을 위해 더 열심히 일하면 되겠지"라고 생각하며 밭을 갈던 근심 어린 농부의 악순환을 우리도 여전히 반복하고 있다.

잘 산다는 것은 무엇일까. 참 잘 산다는 것(Well-Being, 참살이)이란 주요한 삶의 영역에서 개인이 얼마나 만족하며 행복한 삶을 살고 있는가를 의미한다. 아무 일도 하지 않을 때 일과 삶의 균형을 맞추기는 쉽다. 하지만 현대인들은 각자의 일터인 "영혼의 도살장"*에서 먹고 살기 위해 오래 일해야 하고, 몸과 맘이 지칠 대로 지친 후 나머지 시간을 이용해 삶의 균형을 맞춰야 한다. 최근에는 워라밸(Work-Life Balance)이 아니라 오히려 워라블(Work-Life Blending)이 추세다. 칼퇴를 전제로 한 일과 삶의 분리가 비현실적이니 일과 삶을 적절히 조화시키는 라이프 스타일을 추구하는 것이다. 워라밸이든 워라블이든 핵심은 자기 삶을 스스로 통제하고 조율하며, 어떻게 만족스럽고 의미 있는 삶을 만들어갈지에 대한 고민에 있다. 일에 치여 가족과의 시간이나 삶의 기쁨 같은 소중한 것들을 놓치고 싶지 않다는 마음에서 비롯된다.

참 잘 산다는 것에서 식(食)만큼 중요한 영역은 없다. 하루 중 가장 행복한 시간이 언제냐는 질문에 한국인들은 일과를 마치고 '저녁에 가족들과 같이 식사하는 것'이라고 답한다. 스테이크, 캐비어, 푸아그라가 아니라 된장찌개 하나 보글보글 끓여 가족들이 마주하고 도란도란 하루를 나누는 시

———————

*　나이젤 마쉬(Nigel Marsh)가 2010년 TED 강연 "How to Make Work-Life Balance Work"에서 언급한 표현

간이 보약이다. 내일을 위해 오늘 밭만 매는 농부처럼 살아
가는 어리석음을 멈춰야 한다. 제대로 된 한 끼 식사는 자신
에게 선사할 수 있는 최고의 여유이자 쉼이며, 스스로에 대
한 존중이다.

데일리 커피 익스프레스

베트남 달걀 커피의 탄생

베트남에서는 로부스타종 특유의 쓴맛을 중화시
키기 위해 연유나 설탕, 달걀 등을 넣어 먹는 독
특한 음용 방식이 발달해 있다. 1940년대 프랑스
식민지 시기, 도시에 우유가 부족해지자 호텔 바
리스타 응우옌 반 장은 우유를 대체하기 위해 달
걀노른자를 사용하기 시작했다. 카푸치노와 라테
등 서양의 크리미한 음료에서 영감을 받아, 베트
남 사람들이 합리적인 가격에 즐길 수 있도록 달
걀노른자를 휘핑해 우유 크림 같은 맛을 재현한
것이다. 새로운 음료를 맛본 손님들은 감탄했고,
그는 호텔을 떠나 1946년에 자신의 가게 'Giang
Cafe'를 열었다. 이것이 베트남 달걀 커피의 탄
생이다.

'Giang Cafe'는 현재까지도 명성을 이어가고 있
으며, 진한 달걀노른자와 필터링된 커피, 특정 비
밀 첨가물이 결합되어 다른 카페들과 차별화된

뛰어난 맛을 선사한다. 하노이 최고의 달걀 커피를 맛볼 수 있는 또 다른 곳으로 'Cafe Dinh'이 있다. 이곳은 응우옌 반 장의 딸이 운영하는 카페로, 'Giang Cafe'와 맛이 유사하다. 로부스타 커피와 달걀노른자, 우유를 완벽한 비율로 섞어 풍부하고 독특한 맛을 선사한다.

Coffee & Music

Quynh Anh(꾸잉 앙)의 Hello Vietnam!(안녕 베트남!)

베트남 비엣젯 항공기의 착륙 음악으로 유명한 이 곡은, 베트남 이민자들이 느끼는 정체성과 고향에 대한 그리움을 담아냈다. 노래를 부른 꾸잉 앙은 어릴 적 벨기에로 입양된 소녀다. 처음엔 불어로 만들어졌지만 영어와 베트남어로도 불리며, 프랑스 샹송의 세련됨과 팝송의 경쾌함이 조화를 이룬다. 베트남의 정서가 가득한 이 곡은 달걀 커피를 마시며 듣기 완벽하며, 베트남 골목 카페의

향취를 느끼게 한다. 마지막 가사처럼 언젠가 베
트남에 가서 '안녕 베트남'이라고 인사하며 달걀
커피를 즐겨보길 바란다.

향유

"커피의 본능은 유혹. 강한 향기는 와인보다 달콤하며, 부드러운 맛은 키스보다 황홀하다. 악마처럼 검고 지옥처럼 뜨거우며 천사와 같이 순수하고 사랑처럼 달콤하다."

-프랑스의 외교관이자 성직자,
샤를모리스 드 탈레랑 페리고르

시간의 밭에
인내를
심는다

더치커피

더치커피는 뜨거운 물을 사용하는 일반적인 커피와 달리 차가운 물을 이용해 오랜 시간 동안 추출하는 커피다. 한 방울씩 떨어뜨려 장시간 우려 내기 때문에 '커피의 눈물'이라고 불린다. 저온 추출로 만들어져 쓴맛이 적고 부드러우며, 시간이 지나도 맛이 안정적으로 유지된다. 더치커피는 네덜란드 풍(Dutch)의 커피라 하여 붙여진 일본식 이름으로, 영어권에서는 더치커피라는 용어를 사용하지 않는다. 최근에는 영문식 표기인 콜드브루(Cold Brew)라는 명칭이 표준적으로 사용된다.

도구 : 더치커피 추출 기구, 분쇄된 커피, 생수, 필터(더치용), 얼음(선택)

추출(450~500ml 분량) : 물 550ml, 분쇄 커피 80g, 최소 시간 4~5h

물 떨어지는 속도 : 4~5초에 1방울

더치 원액:물 = 2:8, 더치 원액:우유 = 1:2

2016년 여름, 몇 개 지점에서만 팔던 콜드브루가 시즌 메뉴로 스타벅스 전 매장에 풀렸다는 첩보를 접했다. 뭔가 새로운 메뉴의 등장에 설레는 마음으로 냉큼 스타벅스로 달려갔다. 콜드브루를 주문하며 커피 덕후답게 바리스타분께 콜드브루가 뭔지 물었다. 차가운 물로 장시간 추출한 커피란다. 아니, 익히 알고 있던 더치커피 아닌가. 그냥 더치커피라고 하든가 아니면 콜드브루 옆에 괄호로 더치커피라고 써 놓던가. 날도 더운데 괜히 헛걸음한 것 같아 혼자 속으로 씩씩거리다가 주문한 콜드브루가 나와 한 모금 들이켰다. "와, 맛있다."

콜드브루는 기존에 알던 더치커피와는 맛이 조금 달랐다. 더 부드럽고 단맛이 두드러졌다. 이후 콜드브루만을 전문적으로 다루는 바리스타분과 이야기를 나누며 두 방식의 추출법에 약간의 차이가 있음을 알게 되었다. 콜드브루는 커피 가루를 찬물에 담가 12~24시간 동안 우려내는 방식이고, 더치커피는 찬물을 커피 가루 위에 천천히 떨어뜨리며 3~12시 간 정도 추출하는 방식이다. 콜드브루는 추출 후 필터로 걸러내기 때문에 풍미가 부드럽고 깔끔하게 느껴지고, 더치커피는 물방울이 천천히 커피 가루를 통과해 추출되어 진하고 깊은 맛이 난다. 하지만 물이나 우유를 넣으면 차이를 구분하기는 쉽지 않다.

국내에서 콜드브루를 가장 먼저 출시한 건 스타벅스가 아니다. 원조는 의외로 엔제리너스다. 엔제리너스가 일찍이 2009년 '더치커피 존'을 만들었다. 후발주자인 스타벅스는 2016년 첫 출시 이후 국내에서 7년 만에 1억 5천만 잔을 팔았다고 한다(2023년 4월 기준).[*] 세계적으로는 미국 포틀랜드의 '스텀프타운(Stumptown)', 샌프란시스코의 '블루보틀(Bluebottle)' 등이 콜드브루의 대중화를 선도했고, 덴마크 코펜하겐의 '더 커피 콜렉티브(The Coffee Collective)', 영

---

* "스타벅스, 콜드 브루 1억 5천만 잔 판매 기념 별 적립 이벤트 진행," 신세계그룹 뉴스룸, 2023/04/24 수정, 2025.01.06. 접속, https://www.shinsegaegroupnewsroom.com/104573.

국 런던의 '몬머스(Monmouth)' 카페가 세계적으로 이름난 콜드브루 맛집이다.

이제는 커피를 주문할 때마다 주문대 앞에서 고뇌하게 된다. 아아로 갈지, 콜드브루로 갈지. 아이스 아메리카노가 가볍고 캐주얼한 느낌이라면, 콜드브루는 쓰고 떫은 맛이 덜해 부드러운 풍미가 우아하게 느껴진다. 커피 전문점에서 콜드브루는 아이스 아메리카노보다 1,000원~2,000원 정도 더 비싸게 판다. 그런데도 전 세계 커피 애호가들의 입맛을 사로잡고 빠르게 트렌드가 되었다. 콜드브루 기반의 메뉴도 하나둘씩 늘어나고 있다.

홈 카페족 중에는 더치커피를 직접 추출해서 마시는 사람들도 있다. 찬물에는 커피가 빠르게 우러나지 않아 점적식(방울방울 추출)은 8시간 이상, 침출식(우려내기)은 12~24시간 이상이 걸리는데 정성이 대단하다. 한번 만들어 놓으면 보관 기간도 길고 3~4일 정도 숙성해 마시면 와인처럼 맛과 향이 더 깊어진다.

더치커피 원액은 활용도가 매우 좋다. 냉장고에 넣어 두었다가 얼음 위에 부으면 아이스 더치, 우유에 부으면 꼬수운 더치라테, 아이스크림 위에 부으면 아포카토가 된다. 무더운 여름날 외출 후 집에 돌아와서 얼음을 가득 채운 컵에 더치원액과 맥주를 부어 마시면 스트레스와 무더위를 한 방에 날려줄 시원한 '더치맥주'를 즐길 수 있다. 더치도 맥주도 없으면 집에 오는 길에 편의점에 들러 '기네스 콜드브루 커피비어'를 사면 된다. 얼음에 더치 원액, 토닉워터, 위스키를 부어 '더치 하이볼'도 만들 수 있고, 데킬라와 초콜릿 소스, 얼음을 넣은 온더락 잔에 더치 원액을 부으면 독특한 풍미의 '더치 칵테일'이 완성된다. 끊임없이 진화하는 커피 문화 속에서 콜드브루는 다양한 변형을 통해 일시적 유행(Fad)이 아니라 강력한 스테디셀러로 확고히 자리 잡았다.

모든 커피음료 중 추출 시간이 가장 긴 더치커피는 17세기 인도네시아 자바섬에서 대규모로 커피를 재배하던 네덜란드인이 커피를 유럽으로 운반할 때, 장기간 항해 중에도 상하지 않는 커피를 마시기 위하여 고안했다는 설이 있다. 항해 중에도 놓칠 수 없는 커피 사랑이 인간의 창의성과 혁신에 발동을 걸어 새로운 추출 방식을 탄생시켰다.

더치커피는 한 방울, 한 방울 시간이 내린 부드러움이 담긴 기다림의 미학이다. 기다림이란 상대방의 시간에 나를 맞추는 것이다. 사실 기다리는 일은 길고 지루하다. 하지만 주례 선생님의 말씀처럼 믿음, 소망, 사랑 중 어느 하나만 있어도 기다림이 가능해진다. 결혼 후 외출하기 전 화장하느라 10분 늦은 아내에게 버럭 화를 내는 남편도 결혼 전에는 여자친구 집 앞에서 3~4시간을 기꺼이 참아내던 그 사람이다. 기다릴 수 없다는 것은 상대방의 시간에 나를 맞추기 싫다는 것이다.

'참을 인 세 번이면 살인을 면한다'는 옛말이고, 요즘에는 '참을 인 세 번이면 호구'라고 한다. TV 프로 '무한도전'에서 개그맨 박명수 씨가 남긴 유명한 어록 중 하나다. 먹고 살기 힘든 세상에서 참으면 손해라는 생각이 강하게 자리 잡으며 세상이 더욱 각박해졌다. 직장에서는 부당하게 주어지는 일을 단호하게 거절하지 못하면 직장생활 내내 이용하기 좋은 사람, 호구가 된다. 내 업무 영역을 명확히 하여 실적과 보상을 스스로 챙기지 않으면 상사와 동료, 심지어 부하 직원에게까지 휘둘려 호구가 된다. 사람들은 호구당하지 않으려 자신만의 울타리를 치고 서로를 경계한다. '손해 보지 않고 사는 법'에 대한 자기계발 서적과 강의, 인터넷 짤을 보면서 처세법을 터득하기도 한다. 그렇게 우리가 속한 곳은 점차 건조한 사막이 되어간다.

공자는 "모든 행실의 근본은 참는 것에 있다(百行之本 忍之爲上)"라고 말한다. 먼 길을 떠나려고 하직 인사를 하러 온 제자 지장이 무엇을 위해 참아야 하느냐고 묻자, 공자는 이렇게 답했다. "천자가 참으면 나라에 해가 없고, 제후가 참으면 큰 나라를 이룩할 수 있다. 벼슬아치가 참으면 지위가 올라가고, 형제가 참으면 집안이 부귀하게 된다. 또 부부가 참으면 일생을 행복하게 해로할 수 있다. 그리고 친구끼리 참으면 평생 함께할 수 있으며, 스스로 참으면 재앙을 면하고 평생 편안하게 살 수 있느니라"라고 했다.

인내는 어렵다. 누군가가 나에게 무조건 참으라고 한다면 무척 억울할 것이다. 왜 나만 참아야 하느냐고 반발할 것이다. 무조건 참는 것도 무조건 참지 않는 것도 능사는 아니라 혼란스럽다. 공자는 참는 것이 손해가 아니라 자신을 갈고닦는 아름다운 길이라고 말하고 싶었던 것 같다. '참을 인(忍)' 자는 '마음 심(心)' 위에 '칼날 인(刃)' 자로 이루어져 있다. 분심(憤心)을 참지 못하고 가슴을 벌렁거리다간 스스로 베이고 다친다는 뜻이다. 사는 동안 가까운 가족, 친구, 친인척, 동료, 이웃과의 갈등이나 불화는 늘 있기 마련이다. 함께해 온 시간이라는 밭에 순간의 격분이나 '욱'이 아니라 인내의 씨앗을 심으면 자신도 다치지 않고 관계도 깨뜨리지 않을 수 있다.

　이번 주말엔 소중한 누군가를 초대하여 한 방울, 한 방울 떨어지는 더치커피와 기다림의 미학을 즐겨보면 어떨까. "네가 오후 4시에 온다면 난 3시부터 설렐 거야. 4시가 가까워질수록 점점 더 행복해지겠지... 의식은 어느 하루를 다른 하루와 다르게 만들어주고, 어떤 시간을 다른 시간과 다르게 만들어주는 거야." 어린 왕자를 기다리는 여우처럼 말이다. 커피도 인생도 정성을 쏟고 인내의 시간을 견뎌야 더 깊고 맛있어진다.

데일리 커피 익스프레스

콜드브루 vs 아메리카노 빅매치

-카페인 대결: 콜드브루 승

콜드브루가 아메리카노보다 부드럽다고 카페인 함량도 적은 순한 커피로 생각하면 오산이다. 콜드브루는 차가운 물로 장시간 우려내기 때문에 아메리카노보다 카페인 함량이 더 높다. 커피가 물에 접촉하는 시간이 길어질수록 카페인 성분이 더 많이 추출되기 때문이다.

-항산화 대결: 아메리카노 승

커피의 건강 효과 중 하나는 항산화 물질을 포함하고 있다는 점인데, 아메리카노가 콜드브루보다 항산화 물질이 더 많이 들어있다. 2018년 미국 필라델피아대학교와 토머스제퍼슨대학교 연구팀의 연구에 의하면, 뜨거운 커피인 아메리카노에는 콜드브루보다 더 많은 항산화 물질이 포함되어 있다고 한다.

-소화기 대결: 콜드브루 승

소화기가 약한 사람에게는 콜드브루가 더 좋다. 커피는 열에 오래 가열될수록 쓴맛과 신맛이 강해지기 때문에 뜨거운 물로 내린 아메리카노가 산성도가 더 높다. 높은 산성은 속쓰림 등의 소화기 증상을 유발한다. 위가 민감하거나 커피를 마시고 속이 쓰렸던 사람들은 콜드브루가 더 적합하다.

Coffee & Music

아이유의 '어푸(Ah puh)'

아이유 특유의 상큼발랄함이 넘치는 '어푸'는 듣기만 해도 시원함과 유쾌함이 전해지는 노래다. 뚝뚝 끊기는 리듬과 다이나믹한 멜로디는 마치 파도를 자유자재로 가지고 노는 서퍼처럼 언어를 마음껏 비틀고 놀이하듯 표현한다. 유쾌 상쾌한 노래의 가벼운 분위기와 달리, 가사에는 몰아치는 파도 앞에서 쫄지 않고 부딪히고 넘어지고 깨지며 성장하겠다는 결연한 의지가 담겨 있다. 이

는 최고의 자리에서 스스로와 끊임없이 싸워 나
가는 아이유의 진솔한 고백으로 느껴진다. 지치
고 힘들 땐 콜드브루 한잔 시원하게 들이켜고, 파
도에 몸을 맡기는 굿 서퍼(Good Surfer)처럼 용
기를 내 보는 건 어떨까.

고단한
하루에
던지는
달콤한 유머

캐러멜 마키아토

마키아토는 '표시하다(Mark)', '얼룩지다(Stain)'라는 뜻의 이탈리아어다. 마키아토에는 두 가지 종류가 있다. 하나는 에스프레소 위에 우유 거품을 얹은 기본 마키아토이고, 다른 하나는 에스프레소에 시럽과 스팀 우유를 넣고 캐러멜시럽을 뿌린 캐러멜 마키아토이다. 부드러운 특징을 가진 마키아토는 카푸치노의 축소판처럼 보이지만, 마키아토는 카푸치노 양의 약 1/3 정도이다. 마키아토는 에스프레소 위에 우유 거품만 얹고, 우유는 첨가하지 않는다. 반면, 캐러멜 마키아토는 진한 에스프레소에 바닐라시럽과 스팀 우유를 넣고, 그 위에 솜처럼 부드러운 우유 거품을 풍성하게 올린 후, 캐러멜시럽을 드리즐하여 완성한다.

마키아토 : 에스프레소+우유 거품(NO 우유)

캐러멜 마키아토 : 에스프레소+바닐라 시럽,

스팀 우유+우유 거품+캐러멜시럽

    파티와 데이트로 가득 찬 뉴요커의 삶을 보여 주며 전 세계 여성의 허영심을 만족시켜 준 미국 드라마 <섹스 앤 더 시티>. 시즌 3에서 캐리와 미란다가 카페 바깥 벤치에 앉아, 만나는 남자들에 대해 이야기하며 컵케이크를 작살낸다. 44 사이즈가 숭배되는 뉴욕에서 달달하고 칼로리가 높은 컵케이크를 야무지게 해치우는 장면은 그야말로 섹스 앤 더 시티가 만들어낸 판타지다. 이 장면 덕분에 촬영지인 메그놀리아 베이커리는 멋진 언니들의 흔적을 찾아온 전 세계 여성들로 북적거렸고, 뉴욕 관광의 필수 코스가 되었다. 그러나 뉴요커를 꿈꾸며 맛있게 먹은 컵케이크의 칼로리는 캐리가 아닌 나에게만 남으니 현실은 냉정하다.

    화려한 옷과 신발만으로 충분할 것 같은 그녀들도 일과 사랑이 꼬일 때는 달달한 컵케이크가 땡기나 보다. 유독 단 음식이 땡기는 날이 있다. 뭔가 삐그덕 일이 틀어지고, 내 잘못이 아닌데 질책당해 억울하고, 나만 잘못되고 있는 것 같은, 신이 나를 버린 것만 같은 그런 날. 달콤한 디저트와 함께 마실 커피는 우아한 핸드 드립이 아니다. 인스턴트 오아시스 같은 극강의 달콤함, 캐러멜 마키아토여야 한다. 다행히 단것에 대한 욕망은 수백만 년에 걸친 진화의 산물일 뿐 우리 잘 못만은 아니다. 우리 조상들이 맹수의 위협을 감지할 때 방어를 위해 필요로 한 에너지가 나무 열매, 동물 등에서 얻은 단맛 성분이었다. 단맛은 칼로리를 의미했고, 생존과 직결된 본능의 발로이다.

캐러멜 마키아토는 '달콤한 흔적'이라는 별명답게 아찔할 만큼 달달하다. 명실상부 대표적인 당 충전 음료이다. 동네 카페만 가도 있는 흔한 메뉴 캐러멜 마키아토가 정작 커피의 본고장인 이탈리아에는 없다. 하지만 이름 안에는 이탈리아가 담겨 있다. 영어 캐러멜과 이탈리아어 마키아토를 조합해 발음이 괴이하고 재미있는 단어가 만들어졌다.

캐러멜 마키아토는 스타벅스에서 처음 개발한 음료다. 1990년대 후반 스타벅스는 에스프레소 기반 음료에 다양한 시럽과 우유를 결합한 변형을 시도했는데, 그중 하나가 캐러멜 마키아토였다. 스타벅스 캐러멜 마키아토는 먼저 바닐라 시럽을 컵에 넣고, 그 위에 스팀 우유를 추가한다. 그 후 에스프레소를 조심스럽게 부어 우유 위에 '마크'를 남기고, 캐러멜 소스를 풍성하게 뿌려 마무리한다. 이 음료는 달콤하면서도 진한 커피 맛을 제공하며, 고유의 층을 이루는 비주얼이 특징이다.

커피 애호가 중에는 캐러멜 마키아토는 커피가 아니라 '커피 맛이 나는 음료'라고 깎아내리는 사람들도 있다. 마치 커피 맛 사탕, 커피 맛 아이스크림, 커피 맛 쿠키처럼 커피의 정수를 희석한 음료라고 비판한다. 커피 본연의 향미를 중시하는 그들에게 캐러멜 마키아토는 시럽 덩어리에 불과하지만, 믹스커피를 좋아하거나 당 충전이 필요한 사람에게는 달콤하고 풍부한 맛이 일품인 취향 저격 음료이다.

짐 자머시 감독의 영화 <커피와 담배>는 커피와 담배가 지닌 묘한 매력을 찬미하는 작품이다. 11개 단편으로 구성된 이 옴니버스 영화에서, 등장인물들은 제목처럼 끊임없이 커피와 담배를 손에서 놓지 않는다. 최근 건강에 대한 관심이 높아지면서 20~30대 비흡연자가 많아지고, 비흡연을 자기관리로 여기는 시각도 강해졌다. 그럼에도 여전히 많은 사람들은 고된 노동과 지루한 일상에서 잠시나마 위로와 여유를 찾기 위해 커피와 담배를 찾는다.

커피와 담배는 서로가 서로를 부르는 기묘한 시너지를 발산한다. 흡연자들은 대개 커피를 함께 즐기지만, 커피 덕후들은 오히려 비흡연자일 때가 많다. 그들은 커피의 맛과 향을 제대로 느끼기 위해 미각과 후각을 세심하게 돌본다. 와인 황제로 알려진 미국의 와인 평론가, 로버트 파커(Robert Paker)는 혀끝에 와인 값이 달렸다. 블라인드 테스팅에서 와인에 사용된 포도 품종, 빈티지, 심지어 생산지까지 맞히는 능력은 뛰어난 후각과 미각, 기억력 덕분이다. 그는 정확한 테스팅을 위해 담배나 커피는 물론이고 자극적인 음식도 피한다고 한다.

캐러멜 마키아토를 제대로 즐기기 위해 미각과 후각을 단련할 필요까지는 없지만, 꼭 지켜야 할 한 가지 원칙이 있다. 바로 음료를 섞지 않고 마시는 것이다. 의외로 많은 사람들이 음료를 받자마자 칵테일이나 폭탄주처럼 무심히 휘저어버리곤 한다. 스타벅스가 캐러멜 마키아토의 레시피(시럽→우유→샷→드리즐)를 세심하게 설계한 데는 그만한 이유가 있지 않겠는가. 음료를 섞지 않고 한 모금씩 천천히 음미하면 캐러멜 향, 부드러운 거품과 우유, 진한 에스프레소, 그리고 바닥에 가라앉은 바닐라 시럽의 달콤함까지 순차적으로 경험할 수 있다. 물론 "입안에 들어가면 다 똑같다"고 생각할 수도 있지만, 각 재료가 지닌 고유의 맛과 향이 따로 또 같이 살아나며, 마실수록 어우러지는 독특한 조화야말로 캐러멜 마키아토만의 특별한 매력이다.

캐러멜 마키아토는 지루한 일상을 깨우는 각성제이자 고단한 하루에 던지는 달콤한 유머와 같다. 하지만 그 달콤함에 취해 있는 사이 우리가 잊고 있는 것이 있다. 캐러멜 마키아토의 열량이 밥 한 공기(300kcal)나 프라이드 치킨 한 조각(200~242kcal)의 열량과 맞먹는다는 사실이다. 한국소비자원이 발표한 자료를 보면 스타벅스, 커피빈, 엔제리너스 등 9개 커피 브랜드의 캐러멜 마키아토 평균 열량은 241kcal였다. 엔제리너스 커피가 280kcal로 가장 높았고, 커피빈 265kcal, 투썸플레이스 254kcal, 스타벅스 251kcal 순이었다. 이디야 커피가 203kcal로 가장 낮았다.

특별히 힘들고 우울한 날이라면, 오늘 하루만큼은 치팅데이(Cheating Day)를 선포하고 정신 건강을 위해 241kcal

---

* "카라멜 마끼아또 열량 가장 높은 곳은?" 이데일리, 2012.08.05 12:18:04 수정, 2025.01.06. 접속, https://m.edaily.co.kr/News/Read?newsId=01262806599624368&mediaCodeNo=257#.

의 여유를 허락해 보자. 캐러멜 마키아토로도 성에 안 찬다면 바닐라라테, 돌체라테, 달고나라테, 흑당라테를 유영하며 순간의 달콤함에 몸과 마음을 맡겨도 좋다. 다만 이런 날들이 자주 반복되면 언젠가 폭탄 맞은 몸을 마주할 때 또 다른 괴로움이 될 수 있다.

'피로→무기력→우울→당 충전'의 무한 굴레에서 벗어나려면, 자신만의 건강한 충전 레시피가 필요하다. 물 마시기, 줄넘기, 뛰기, 산책하기, 수다 떨기, 멍때리기, 명상하기처럼 마음을 가라앉히고 시선을 잠시 돌릴 만한 일들을 찾아보자. 짧은 낮잠도 좋은 선택이다. 자는 동안 우울감과 스트레스를 조절하는 세로토닌이 터지면서 피로와 스트레스를 날려 준다. 한숨 자고 나면 심각했던 문제도 대수롭지 않게 느껴진다.

우리 몸은 휴대폰처럼 충전기에 꽂아둔다고 저절로 충전되지 않는다. 배우 하정우는 ≪걷는 사람≫이라는 책에서 지치고 피곤한 자신을 그냥 내버려두는 것은 휴식이 아니라 '방기'라고 말한다. 아무것도 하지 않는 것과 휴식을 취하는 것은 다르다. 일할 때처럼 공들여서 소중한 이를 돌보듯 몸과 마음을 정성껏 돌봐야 한다. 요가 수업에 가면 강사 선생님이 매번 하시는 말씀이 있다. "내 몸의 자극을 바라봅니다." 아픔으로 느껴지는 자극을 의식하고 오로지 몸에 집중하라는 말이다. 드러나는 자극을 알아차리고 호흡과 의식을 이어 가면 자극이 변화하거나 사라진다. 진정한 휴식은 몸과 마음의 힘듦을 알아채고 보듬으며 회복시키는 것이다. 캐러멜 마키아토처럼 달달한 나만의 충전 방법을 찾아 활력 있는 일상을 누려 보자.

데일리 커피 익스프레스

담배를 피우고 나면 왜 커피가 끌릴까?

커피와 담배는 떼려야 뗄 수 없는 관계이다. 중독
성 있는 두 각성제는 단짝 같은 존재다. 흡연자들
의 아침, 첫 담배는 커피 한 잔과 함께 시작된다.
흡연자의 상당수는 술을 마시며 담배를 피울 가
능성이 크다. 미국 플로리다 대학의 연구에 따르
면, 뇌는 술과 담배의 강한 쾌락을 기억하며 이
를 각각 접할 때마다 강한 충동을 유발한다. 특히
술을 마신 다음 날 아침, 흡연자가 담배를 피우
고 커피를 찾게 되는 이유는 이러한 관계에서 기
인한다. 흡연자의 뇌는 잠든 사이 니코틴을 공급
받지 못했기 때문에 아침이 되면 니코틴 금단 증
세로 과민해진다. 아침에 커피를 마시면 커피 속
의 두 가지 화합물이 흡연자의 니코틴 수용체 기
능 장애를 회복시키고, 금단 증상을 완화하는 데
도움을 준다고 한다. 결국 술, 담배, 커피의 악순
환이 반복된다. 달콤한 유혹 뒤에 두 얼굴이 숨어

있다.

Coffee & Music

어반자카파의 '커피를 마시고'

비 오는 날 카페 창가에 앉아 빗소리를 들으며 캐러멜 마키아토를 마시다 보면, 마키아토처럼 달콤하고 따뜻했던 누군가와의 추억이 떠오른다. 달콤한 커피에 어울리는 최강의 노래는 2009년 출시된 어반자카파의 '커피를 마시고'다. 남자 둘에 여자 하나, 3인조 혼성 그룹의 환상적인 하모니가 달달함을 더한다. 이후 2013년 BTS(방탄소년단)가 미니앨범 'O!RUL8,2?'(Oh! Are you late, too?)에 '커피를 마시고'를 그들만의 스타일로 해석해 수록하기도 했다. 어반자카파의 '커피를 마시고'가 끈적한 달콤함이라면, BTS의 '커피를 마시고'는 담백한 달콤함에 가깝다. 취향껏 골라 들어도 좋다.

낯선 것에서
유쾌한
호기심
즐기기

가향 커피

가향 커피는 커피에 존재하지 않는 향을 인위적으로 입힌 커피를 말한다. 흔하게 접할 수 있는 헤이즐넛, 초콜릿, 바닐라 향이 첨가된 가향 커피부터 라임, 크랜베리, 복숭아, 와인, 맥주 향이 첨가된 가향 커피도 있다. 커피의 미식 수준을 상승시키고 차별화를 통해 경쟁력을 확보할 수 있다는 긍정적 입장과, 떼루아*에 따른 커피 고유의 맛과 향을 희석한다는 비판적 입장이 대립하며 논쟁 중이다.

가향 방식

---

* 생산에 영향을 미치는 토양과 기후 등의 조건을 통틀어 이르는 말

-커피 열매를 수확해 말리는 과정에서

맛을 내고 싶은 과일을 발효통에 함께 넣는다.

-점액질 제거를 위한 발효과정에서 효모를 첨가한 향을 입힌다.

-산소를 차단한 상태에서 과일이나 주스, 이스트 등을 첨가하거나 오크통

을 활용해 독특한 오크의 향미를 입힌다.

-커피를 볶을 때 설탕물이나 향미 물질을 분사해 향을 입힌다.

-추출 단계에서 커피 가루에 후추, 치커리, 생강, 녹차 등을 혼합한다.

-완성된 커피에 아로마 오일을 넣는다.

아메리카노가 생소하던 시절, 한국인의 입맛을 사로잡은
건 헤이즐넛 커피였다. 1980년대 말에서 1990년대까지 대학
가, 호텔, 유원지 등의 커피숍에서 헤이즐넛 커피가 유행이
었다. 헤이즐넛 커피를 마시는 사람은 커피를 잘 아는 세련
되고 멋진 사람처럼 보였다. 사실 커피숍에서 팔던 헤이즐넛
커피는 티처럼 묽어 커피 본연의 맛을 제대로 느끼기에 어려
웠다. 맛보다는 헤이즐넛의 강력한 향에 끌려 트렌디한 커피
가 되었다.

과거에 뭔지도 모르고 마셨던 헤이즐넛 커피가 최초의

가향 커피였던 셈이다. 헤이즐넛은 유럽 개암나무 열매로 견과류의 한 종류다. 헤이즐넛 커피 때문에 커피 품종으로 오해하는 경우가 있는데, 특유의 부드럽고 고소한 풍미와 향기로 인해 커피, 아이스크림, 초콜릿, 쿠키 등 다양한 디저트에 활용된다. 요즘은 카페에서 잘 보이지 않지만, 헤이즐넛 시럽을 활용한 음료는 많다. 가향 커피는 원두에 인위적으로 향을 입히거나 맛을 스며들게 하여 시나몬, 과일 향 등을 첨가한 것을 말한다. 커피의 맛과 향을 극대화하려는 시도로 커피 시장 내 쟁점이 된 지 오래다.

커피 생산자는 생두를 재배하면서 최종적인 커피 맛과 향을 정확하게 예측하기 어려워 맛과 향을 누구나 직관적으로 느낄 수 있도록 하는 가공법에 관심을 가지게 되었다. 커피 소비자 입장에서도 가향 커피는 매력적이다. 미묘하게 느껴졌던 커피의 맛과 향을 명확하게 느낄 수 있기 때문이다. 이러한 특성은 커피를 처음 접하는 사람이나 새로운 맛을 탐구하고 싶은 이들에게 특히 흥미롭게 다가온다.

하지만 커피는 기호 식품이라 호불호가 나뉜다. 한번은 커피 클래스를 듣다가 강사님께서 테이스팅을 위해 주신 커피에서 와인 향이 강하게 났다. 단순히 여러 향에 섞여 스쳐

지나가는 와이니한(Winy) 느낌이 아니라 레드 와인처럼 강렬했다. 커피에서 어떻게 이런 향이 날 수 있을까 하는 호기심에 여러 잔 들이켠 기억이 난다. 어떤 분은 자신과 맞지 않는다며 한번 맛보고 다시 입에 대지 않으셨다. 커피도 와인처럼 토양, 기후 등의 조건에 따라 고유의 맛과 향을 지니고 있는데, 인위적인 가공법은 커피 고유의 개성을 희석한다는 단점이 있다. 깔끔한 산미를 기대하고 마신 에티오피아 커피에서 예상치 못하게 웰치스 포도 맛이나 시나몬 향이 난다면 그 향이 아무리 좋아도 실망스러울 것이다.

개인적 호불호를 떠나 현재 커피 시장의 뜨거운 키워드 중 하나는 '가향 커피'다. 국내 바리스타 챔피언십 우승자이자 2020 국가대표 바리스타인 방현영 바리스타는 가향 원두에 대해 부정적인 입장이지만 이미 대세로 자리 잡았다고 말한다. 커피 산지에는 기후 변화로 인해 수확량이 줄고 품질이 떨어지자 생존을 위한 새로운 방편이 필요해졌다. 특별한 커피를 찾기 위해 인간이 할 수 있는 가장 적극적인 개입은 가공 과정에서 가능했다. 현재는 기존 가공법을 변형한 혁신적인 방법들이 시도되고 있다. 그중 무산소 발효가 핵심인데, 커피 외 다른 과육을 첨가하거나 향을 첨가하는 방법을 사용한다. 가향 커피는 기존 커피와 차별화되고 더욱 자극적인 맛과 향을 가지고 있어 비싼 가격에 거래된다. 농부들 입장에서는 더 높은 수익을 가져다주기 때문에 새로운 가공법을 선호할 수밖에 없다.

어릴 적 엄마 따라 목욕탕 가는 일은 죽어도 싫었지만, 목욕 후 엄마가 사주는 바나나 우유의 시원하고 달콤한 맛은 엄마한테 붙잡혀 벅벅 때를 밀리던 모든 치욕을 씻어내릴 만큼 맛있었다. 바나나 우유에는 바나나가 없다. 정확히는 바나나맛 우유라고 해야 한다. 향만 스치면 '바나나맛 우유', 실제 과일이 들어 있어야 '바나나 우유'라고 할 수 있다. 1974년 한국에서 처음 출시한 빙그레의 상표명도 '바나나맛 우유'다. 2009년 법 개정 후 '~맛 우유'라는 명칭도 사용할 수 없게 되어, 바나나 과즙 1%를 첨가하면서 이름을 유지하고 있다. 사람들은 진짜 바나나를 넣은 매일유업의 '바나나는 원래 하얗다'보다 바나나 맛이 나는 빙그레의 '바나나맛 우유'를 더 좋아한다.

가향 커피와 관련한 논란 중 하나도 첨가물 표기와 관련한 것이다. 최근 커피 업계에서 가향 커피 첨가물의 표기 여부를 두고 설전을 벌이고 있는데, 이게 싸울 일인지 소비자 입장에서는 이해가 잘 안된다. 맛만 좋으면 될 것 같은데 이 문제는 의외로 중요하다. 가향 커피는 일반 커피보다 가격이 비싸고, 가향 시 사용된 첨가물에 대한 표기 규제가 없기 때문이다.

가향 식품이나 가향 담배에 대한 규제는 까다롭다. 건강과 직결되기 때문이다. 바나나맛 우유에도 실제 과일을 넣었다고 해서 첨가물 문제가 해결되는 건 아니다. 어떤 과일과 향신료를 넣은 것인지, 설탕이나 잼 혹은 인공 물질을 넣지는 않았는지 밝혀야 한다. 미국을 비롯한 대다수 국가가 멘톨마저 향을 입히지 못하도록 하는 방안을 추진 중인데, 이는 바닐린, 계피, 벌꿀 등 가향 물질이 담배의 부정적 맛을 감춰 버리는 데다 이들 물질이 탈 때 유해한 성분이 발생할 위험성이 있기 때문이다.[**]

인간에게는 새로움을 추구하는 욕구인 네오필리아(Neophilia)가 있다. 낯선 것에서 유쾌한 호기심이 발동하는 것으로, 뇌에서 도파민 분비가 증가한다. 특히 커피 애호가들

[**]   "가향커피와 절임커피," 충북일보, 2023.01.16 16:39:02 수정, 2025.01.06. 접속, https://www.inews365.com/news/article.html?no=748374.

은 다양한 맛과 향을 가진 커피에 대한 호기심과 도전이 남다르다. 특별한 맛과 향을 위해 먼 거리도 서슴지 않고 달려가 직접 시음해 보고, 새로운 커피를 맛보기 위해 장시간 줄서는 수고도 마다하지 않는다. 커피계의 애플이라는 블루보틀을 지나다 보면 매장에 항상 사람이 많다. 2024년 2월 23일은 블루보틀, 스텀프타운과 함께 미국 3대 스페셜티 커피로 손꼽히는 인텔리젠시아가 서울 서촌에 상륙한 날이다. 역시나 카페 앞에는 연하면서도 향이 오래 남는 스페셜티 커피를 맛보겠다고 벼르는 사람들로 장사진을 이루었다. 어쩌다 한 번도 아니고 매일 마시는 커피에 이렇게 열과 성을 다하기도 쉽지 않다.

새로운 커피에 대한 호기심은 스페셜티 커피 안에서도 좋은 커피를 넘어 개성있는 커피로 확장된다. 바닐라, 헤이즐넛, 초콜릿, 캐러멜, 프렌치바닐라 등은 이미 익숙한 가향 커피고, 아몬드, 시나몬, 코코넛, 복숭아, 라임, 크랜베리, 맥주, 와인, 위스키 등의 가향 커피도 있다. 카페에서 핸드 드립 커피를 주문하면 원두 정보가 적힌 명함 크기의 커핑 노트를 주는 경우가 있다. 예멘 모카를 주문했더니 '와인 뉘앙스, 건딸기, 은은한 산미'라고 적혀 있는데, 막상 커피를 마셔보면 노트에 적혀 있는 향미를 느낄 수 없는 경우가 많다. 그런데 노트에 적혀 있는 향미가 정확하게 느껴졌다면 떼루아 자체에서 나는 향미가 아니라 인위적으로 향을 입힌 가향 커피일 확률이 높다. 향을 직관적으로 알아챌 수 있기에 맛도 흥도 절로 올라간다. 무언가를 첨가하거나 조율하여 무한한 변주가 가능한 가향 커피의 독특함과 다채로움은 커피 애호가의 호기심을 채워주기에 부족함이 없다.

반면, 인간은 네오필리아(Neophilia) 이면에 새로움을 회피하는 욕구인 네오포비아(Neophobia)도 가지고 있다. 새로움을 추구하면서도 새로움에 대한 불편함과 저항감을 가진다. 40·50세대의 플레이리스트에는 김광석, 김동률, 윤종신, 신해철, 이승환 등 젊은 시절 좋아했던 가수의 노래가 가득하다. 매일 새로운 노래가 쏟아져 나오지만 늘 듣는 음악은 젊은 시절 좋아했던 익숙한 음악들이다. 이런 점에서 임영웅의 60·70 팬들은 임영웅의 신곡이 나오기 무섭게 업데이트하고 있으니 새로움에 대한 적응력이 매우 뛰어나다.

카페에 가서 메뉴를 고를 때 '오늘은 새로운 커피를 한번 마셔 볼까' 하다가도 '혹시 맛이 없으면 어떡하지' 하며 결국 늘 마시던 커피를 선택한다. 고소한 커피를 좋아하는 사람들은 산미 있는 커피로 넘어가는 것이 다시는 돌아오지 못할 루비콘강을 건너는 것처럼 쉽지 않다. 해외여행을 가도 낯선 음식 냄새와 무엇으로 만들었는지조차 알아보기 힘든 음식 앞에서 머뭇거려지는 건 어쩔 수 없는 일이다. 세계 주요 도시를 찾아다니면서 음식을 먹고 설명하는 프로그램 tvN <스트리트 푸드 파이터>에서 백종원 씨는 현지 음식을 너무도 맛있게 먹는다. 아니, 즐긴다는 표현이 더 맞을 것 같다. 아무리 맛있는 음식이어도 계속 먹다 보면 질릴 수 있고, 특히 기름기가 많고 향이 강한 중국 음식은 느끼할 법도 한데 어찌 그리 맛있게 드시는지 신기하다. 새로운 음식에 대한 편견 없이 다양한 음식을 맛보고 즐길 수 있다는 것은 신의 축복이자 재능이다.

새로운 커피뿐만 아니라 공간을 찾아 카페 투어를 다니는 한국 사람들과 달리, 호주 사람들은 좀처럼 카페를 바꾸지 않는다고 한다. 커피의 일관성을 중요시하기 때문에 자신의 커피 취향을 잘 아는 바리스타의 단골 카페만 찾는다. 늘 가는 카페에서 늘 마시는 커피를 즐기면 편안하고 안정감이 든다. 뭘 마실지 고민하는 번거로움을 덜 수 있고 삶이 단순해진다. 복잡한 세상에서 고민 한 자락 덜어내는 것도 좋지만, 새로운 발견마저 차단해 버릴 수 있다. 가끔은 늘 마시던 커피를 한번 바꿔보면 어떨까. 내가 알던 커피가 전부가 아닐 수 있다. 루틴을 벗어나는 게 새로운 활력이 될 수 있다. 익숙함을 깨 보면 더 넓은 세상이 열린다. 작은 변화를 시도하는 데 커피 한잔만큼의 용기로도 충분하다.

데일리 커피 익스프레스

무산소 발효 커피

무산소 발효 커피는 발효 기법을 적용한 것으로
최근 커피 업계의 블루칩으로 떠오르고 있다. 커
피 체리는 수확 직후부터 발효가 시작되는데, 무
산소 발효는 산소를 차단하여 향미의 손실을 줄
이고, 발효되는 과정에서 독특한 맛과 향을 높이
는 효과가 있다. 특이한 것은 추가 재료를 넣기도
한다는 점이다. 예를 들어, 만다린 프로세스는 커
피 열매를 발효할 때 말린 귤껍질을 넣고, 발효
후 건조할 때도 귤껍질과 함께 말려 커피에 귤 향
을 입힌다. 귤껍질 외에 시나몬, 미트, 패션 프루
트와 같은 재료를 혼합하여 향을 입히는 천연 가
향 작업을 하기도 한다. 이러한 발효 가공을 거친
커피는 기존에 경험하지 못한 새로운 커피 맛의
세계를 열었다는 평가를 받고 있다.

Coffee & Music

노라 존스(Norah Jones)의 'Don't Know Why'

전 세계에서 가장 유명한 재즈 아티스트이자 '그래미 여왕'이라 불리는 노라 존스. 그녀의 대표곡 'Don't Know Why'는 신비스러운 그녀만큼이나 무척 감미롭고 몽환적이다. 2002년 발매 당시엔 큰 주목을 받지 못했지만, 시간이 흐르며 점점 더 많은 사람에게 회자되며 유명해졌다. 이 곡은 화려한 번화가보다는 조용한 호텔 카페 한구석, 은은한 커피 향이 감도는 공간에서 흘러나올 것 같다. "I don't know why I didn't come(왜 내가 당신에게 가지 않았는지 나도 모르겠어요)." 반복되는 중독성 있는 후렴구를 듣다 보면 깊은 늪에 빠져드는 것처럼 몽롱해진다. 분위기를 내고 싶은 날에는 뭔가 애잔하면서 멜랑꼴리한 'Don't Know Why'를 들으며 진하고 독특한 가향 커피를 마셔보면 좋겠다.

대안이 있는
것만으로도
충분하다

디카페인 커피

디카페인의 '디(de-)'는 영어에서 분리·제거의 뜻을 나타내는 접두사로, 디카페인 커피는 말 그대로 카페인을 분리한 커피다. 디카페인은 분리 공정 과정을 거치기 때문에 일반 커피보다 더 비싸다. 카페인을 분리하는 방법은 ▲물을 이용한 방법 ▲카페인을 녹이는 용해제(메틸렌 클로라이드, 에틸 아세테이트)를 이용한 방법 ▲카페인을 용해하는 액체 상태의 이산화탄소를 이용하는 방법 등이 있다. 한국에서는 카페인 함량을 90% 이상 제거한 제품을 '디카페인'으로 표기할 수 있으나, 국제적으로는 97%, EU에서는 99%가 제거되어야 디카페인이라고 할 수 있다.

나의 아침 루틴은 커피포트에 물을 올리는 것으로 시작된다. 물이 끓는 동안 그라인더로 원두를 갈고, 원두에 적합한 드리퍼를 골라 핸드 드립으로 커피를 추출한다. 나를 위해 정성껏 커피를 준비하는 시간은 하루 중 가장 평화롭고 행복한 시간이다. 코로나에 걸려 지독한 몸살을 앓던 어느 날, 후각과 미각이 상실되어 커피의 향미를 전혀 느낄 수 없었던 경험은 참혹했다. 커피 없는 아침이라니… 하루를 시작할 의욕마저 잃었다. 매일 아침 커피를 마시는 이 작은 루틴은 오늘도 건강하게 하루를 시작한다는 평안의 신호이자 감사의 신호이다.

아침은 걸러도 커피는 절대 거를 수 없다. 배탈이 나거나 속이 쓰릴 때, 목감기에 걸렸을 때, 컨디션이 안 좋을 때 몸이 아픈 것보다 더 서러운 건 커피를 마실 수 없다는 사실이다. 잠에서 깨 집중력을 향상시키려고 카페인을 채우는 생활 습관은 아이러니하게도 디카페인 수요를 촉발하고 있다. 하루에 1잔이 아니라 2~3잔, 그 이상을 마시는 사람들이 늘면서 카페인 섭취에 대한 경각심을 갖게 된 것이다. 오전에는 어쩔 수 없이 카페인을 들이부어도 오후에는 건강을 생각해서 디카페인을 찾게 된다. 커피의 맛과 향이 좋아도 카페인에 민감해 커피를 즐기지 못했던 사람들도 디카페인 베이스의 음료를 찾게 되었다.

임산부들은 카페인이 태아에 미칠 영향을 생각해 아무리 커피를 좋아해도 임신 기간, 수유 기간은 커피를 자제하게 된다. 이상하게도 입덧이 심할 때는 오히려 커피가 더 땡기는데 어디선가 커피 향이 나면 극심한 고뇌에 빠진다. 임산부도 하루 1~2잔의 커피는 괜찮다고는 하는데 왠지 마음이 놓이질 않는다. 마실 것이냐 말 것이냐 고민하다가 결국 모성애마저 백기를 든다. 디카페인은 괜찮을 거야, 스스로 위로하며 죄책감을 덜어본다. 커피는 악마의 음료가 맞다.

초기 디카페인은 일반 커피에 비해 맛과 향이 떨어져 아무리 건강이 중요하다지만 커피를 대신할 수 없었다. 예전과 달리 지금은 좋은 원두를 사용해 디카페인과 일반 커피의 차이가 크게 느껴지지 않는다. 디카페인의 퀄리티가 향상되고 '헬시 플레저'* 열풍과 맞물려 디카페인을 찾는 사람이 늘고 있다. 스타벅스 코리아에 따르면 2020년도 디카페인

---

* 건강을 의미하는 '헬시(Healthy)'와 즐거움을 뜻하는 '플레저(Pleasure)'의 합성어. 건강을 추구하는 동시에 즐거움을 잃지 않는다는 의미다.

커피 판매량은 무려 1,000만 잔을 넘어섰다고 한다. 이디야 커피는 2023년 1월 첫 출시 이후 12월까지 1년 동안 월평균 10%의 꾸준한 성장률을 기록했다. 관세청 무역통계에 따르면 2022년 디카페인 커피 수입량은 전년 대비 45.8% 늘어난 6,933톤에 달했다. 금액으로는 7,192만 달러로 1,000억 원에 육박했다.** 지금은 거의 모든 카페가 디카페인 커피를 기본으로 구비하고 있고, RTD(Ready To Drink) 음료, 스틱커피, 캡슐커피 등으로도 디카페인 제품이 출시되고 있다.

디카페인 커피라고 100% 카페인 프리는 아니다. 국내에서는 식품의약품안전처 고시에 따라 카페인 함량을 90% 이상 제거하면 디카페인으로 표기할 수 있도록 했다. 디카페인 아이스 아메리카노를 기준으로 보면 스타벅스 톨 사이즈(355ml)에는 카페인 함량이 10mg이고, 할리스 커피 레귤러(354ml)와 엔제리너스 레귤러(473ml)가 3mg으로 낮은 편이다. 성인 1일 카페인 권장량이 400mg이니 매우 적은 양이다. 그렇다고 마냥 안심할 수만은 없다. 최근 미국 건강 매체

** "디카페인 커피 인기 상승…지난해 수입량 역대 최대" 연합뉴스, 2023.05.01 06:01 작성, 2025.01.20. 접속, https://www.yna.co.kr/view/AKR20230428164900003.

'잇 디스, 낫 댓'은 디카페인 커피를 조심해야 하는 이유에 관해 설명했다. 원두를 화학물질(용제)에 담가 카페인을 녹여 제거한 것이 디카페인 커피다. 용제 중 일부는 페인트나 매니큐어를 지우는 데 쓰이는 염화메틸렌이다. 보건 당국이 승인했지만, 자칫 건강에 해로울 수 있다. 일반 커피와 비교할 때 디카페인 커피는 영양학적으로 일종의 '초가공 식품'이다. 카페인을 제거하는 공정에서 다른 유익 성분도 줄거나 사라진다.

면역력 향상, 당뇨병 예방, 노화 방지라는 건강상의 이유로 커피를 마시는 사람이 있을까. 건강이 목적이라면 보약이나 영양제를 챙겨 먹어야지 왜 커피를 마시겠는가. 건강에 대한 관심이 커지면서 디카페인을 찾는 사람이 늘고 있는 건 맞지만, 커피의 각성 효과가 가지는 힘을 여전히 배제할 수 없다. 여전히 많은 사람이 카페인 때문에 커피를 찾는다.

디카페인 커피를 커피라고 해야 할지, 아니면 커피 맛이 나는 음료라고 해야 할지 고민스럽다. 앙꼬 없는 찐빵, 탄산 빠진 콜라, 알코올 없는 맥주는 존재의 본질을 벗어난 것만 같다. 커피 한잔에는 인간의 다양한 욕망이 담겨 있다. 어떤 이는 카페인의 각성 효과 때문에, 또 어떤 이는 커피의 맛과 향이 좋아서 커피를 마신다. 앞으로도 디카페인 시장은 꾸준히 성장하겠지만 카페인이 있는 커피를 넘어설 수 있을지는 의심스럽다. 그럼에도 커피를 다양하게 즐기고 싶은 사람들에게 훌륭한 대안 음료임이 틀림없다.

커피 맛이 나는 음료라도 마시는 사람에게 커피라면 디카페인 커피도 커피다. 커피도 인생도 늘 최고의 답을 가지고 사는 건 아니다. 가족들과 오랜만에 외식을 하려고 맛집을 찾아가면 역시나 맛집에는 웨이팅이 기본 30분이고 얼마나 걸릴지 기약조차 없는 곳도 많다. 기다리는 걸 끔찍이 싫어하는 우리는 결국 '맛집 옆집'을 가게 된다. 어쩌면 우리의 삶은 늘 대안의 연속이었을지 모른다. 이 대학에 가려던 게 아닌데, 이 사람과 결혼하려던 게 아닌데, 이 일을 하려 했던 건 아닌데, 이렇게 말하려던 건 아닌데...

영화 <어바웃 타임(About Time)>에서 주인공 팀은 시간 여행 능력을 통해 수없이 많은 선택을 번복하며 더 나은 삶을 꿈꾼다. 꿈을 위해 런던으로 간 팀은 운명의 여인 메리에게 첫눈에 반하게 되고, 그녀의 사랑을 얻기 위해 자신의 특별한 능력을 마음껏 발휘한다. 그러나 결국 깨닫는 것은 삶이 완벽한 계획이나 정답으로 채워지지 않는다는 사실이다.

그는 매일을 시간 여행 없이도 최선을 다해 살아가는 법을 배우고, 그것이 진정한 행복임을 깨닫는다. 삶은 완벽을 추구하기보다 대안을 받아들이며 최선을 다해 살아가는 과정이다.

'대안(代案)'은 말 그대로 '어떤 것을 대신하는 방안'을 뜻한다. 우리는 종종 '현안(現案)'을 선택할 수 없거나 마땅치 않을 때 대안을 선택한다. 그러나 시간이 흘러 돌아보면, 그 대안이야말로 당시 선택할 수 있었던 가장 적절한 방안, 현안이었음을 깨닫게 된다. 대안은 단순한 변명이나 핑계가 아니다. 돌아가고 헤맬지언정 당시의 최선이었다. 수많은 '지금'의 최선이 하나로 이어질 때, 분명 더 나은 결과에 닿기 마련이다. 대안을 선택할 수 있다는 것, 그것만으로도 충분히 다행이고 괜찮은 삶이다.

데일리 커피 익스프레스

임신 중 커피 마셔도 된다? 안 된다?

임신 중 피해야 할 음식 중 하나로 커피를 빼놓을 수 없다. 임산부의 카페인 섭취는 주의가 필요하다. 카페인은 아데노신을 억제하여 신체에 다양한 영향을 미치며, 빠르게 흡수되어 45분 이내에 99%가 체내로 들어온다. 문제는 카페인이 태반을 통해 태아에게 전달되지만, 태아는 이를 분해하거나 배출하지 못한다는 점이다. 과도한 카페인 섭취는 자궁과 태반의 혈관을 수축시켜 태아의 산소와 영양 공급을 방해하거나, 철분 흡수를 방해하여 저체중아 출산 등의 위험을 초래할 수 있다. 아이슬란드 연구팀은 20년간의 연구를 통해 카페인이 유산, 사산, 저체중아 출산, 소아 급성백혈병 등의 위험을 높일 수 있다고 밝혔다. 카페인이 걱정된다면 디카페인 음료를 선택하거나, 카페인 함량을 확인하여 적정 섭취량을 지키는 것이 좋다. 한국식품의약품안전처는 임산부의 1

일 카페인 섭취 기준을 300mg 이하로 권장하고
있다.

Coffee & Music

모차르트의 '소야곡(A Little Night Music K.525 : Eine Kleine Nachtmusik K.525)'

바르셀로나의 마르케스 연구소는 태아가 선호
하는 음악 장르를 연구하여, 그 결과를 '2019 세
계 산부인과 초음파 회의'에서 발표했다. 연구
에 참여한 마리사 로페즈 테이욘(Marisa Lopez-
Teijon) 박사는 '태아들이 모차르트의 세레나데
와 아프리카의 전통 드럼 소리와 같이 오랜 시간
을 거쳐온 음악을 선호한다'라고 밝혔다. 특히 모
차르트의 '소야곡(A Little Night Music K.525:
Eine Kleine Nachtmusik K.525)'은 발달 6개월
이 지난 태아의 91%가 입과 혀를 움직였다고 한
다. 임산부가 아니더라도 디카페인 커피와 함께
모차르트의 소야곡을 들으며 온몸의 긴장을 풀면

어떨까. 엄마 뱃속의 아가처럼 편안하게 릴랙스.

우리 몸은 소중하니까.

300원으로
낭만 300도
올리기

자판기 커피

자판기 커피는 자동판매기를 이용하여 간편하게 마실 수 있는 인스턴트커피다. 모든 커피 중에 가격이 가장 저렴하다. 대한민국 자판기의 시초는 1977년 롯데산업이 일본 샤프사로부터 수입한 커피 자판기 완제품 400대이다. 한국 최초의 커피 자판기는 1978년 서울역, 시청 앞, 종각에 설치되었다. 당시 자판기 커피는 최고급 식당에서 후식으로 100원을 내고 먹는 귀한 것이었으나, 1988년 서울 올림픽 전후로 자판기가 급속도로 보급되어 버스 터미널, 기차역, 지하철역, 버스 정류장, 학교, 도서관, 관공서 등 전국 방방곡곡 어디서나 쉽게 마실 수 있게 되었다. 현재는 프랜차이즈, 개인 카페 및 커피 전문점, 가정용 커피 머신 등의 보급으로 시장 규모도 작아지고 점차 찾아보기 어렵다.

-자판기 메뉴 :

밀크커피, 프림커피, 설탕커피, 블랙커피, 율무차, 코코아, 우유

-자판기 종류

• 대형 자판기 : 커피, 설탕, 프림 원료통이 각각 구분되어

지정된 방식으로 혼합하여 만드는 방식

• 미니 자판기 : 커피믹스를 그대로 물에 녹여 내놓는 방식

　　라떼는 말이야, 자판기 커피를 마셨어. 대학 시절, 도서관
에서 공부하다 졸리거나 집중이 안 될 때면 옆에 있는 친구
를 슬쩍 꼬드겨 밖에 나왔다. 친구와 수다 떨며 마시던 커피
는 물론 자판기 커피였다. 잠깐은 1시간을 훌쩍 넘겨버리기
일쑤였고, 자세한 이야기는 나중에 하자며 아쉬움을 뒤로하
고 각자 자리로 돌아갔다. 다시 자리에 앉아 각을 잡고 공부
를 해 보려 하면 밀려드는 졸음에 카페인에 진짜 각성 효과
가 있긴 한 건지 의심하다가, 결국 책을 베개 삼아 스르르 잠
들곤 했다.

도서관 자판기 앞에만 서면 늘 고민에 빠졌다. 친구는 "아무거나 빨리 눌러!"라며 재촉하고, 줄을 선 사람들의 눈치는 따가웠지만 나에겐 너무나 중요한 선택의 순간이었다. 100원짜리 일반 커피를 누를까? 아니면 200원짜리 고급 커피를 누를까? 매번 번뇌에 빠졌다. 솔직히 고급 커피가 일반 커피보다 두 배나 맛있지는 않았지만, 200원 버튼을 누르는 그 순간만큼은 나 자신이 더 고급스러운 느낌이 든다. 마치 외제 차에서 내릴 때 살짝 우쭐해지는 하차감 같은 거랄까.

　일반 커피와 고급 커피는 커피 입자에서 차이가 난다. 일반 커피는 분무 건조(Spray Drying) 방식으로 커피 추출액을 스프레이로 분사한 뒤, 200~280℃ 높은 온도에서 건조시켜 미세한 분말 형태로 완성된다. 맥스웰 하우스 커피믹스 제품이 대표적이다. 이 방식은 대량 생산이 가능하지만, 높은 온도로 가열되는 과정에서 커피의 맛과 향이 일부 손실된다. 제조 비용이 낮아 가격이 저렴하다는 장점이 있지만, 맛과 향에서는 고급 커피에 비해 떨어질 수 있다.

　반면, 고급 커피는 냉동 건조(Freeze Drying) 방식으로 제조된다. 커피 추출액을 영하 45℃에서 급속 냉각하여 얼린 후, 이를 분쇄해 조각난 알갱이 형태로 만든다. 맥심과 테이스터스 초이스의 알갱이 커피를 떠올리면 이해가 된다. 이 방식은 낮은 온도에서 건조하여 커피의 맛과 향이 훨씬 잘 보존되나, 제조 비용이 더 많이 들어간다. 정리하자면 고급 커피가 일반 커피보다 커피 알갱이가 더 크고, 맛과 향이 더 뛰어나다. 단 100원 차이에 커피 제조 과정의 정성과 품질이 이렇게나 다르다.

커피 자판기를 이용해 본 사람이라면 자판기와 관련된 에피소드 하나쯤은 가지고 있을 것이다. 80~90년대에 지금처럼 SNS가 발달했다면, 자판기 커피와 관련된 에피소드가 숏폼 콘텐츠를 점령했을지도 모른다. 커피 자판기 앞에는 늘 자판기랑 싸우는 사람들을 볼 수 있다. 자판기가 돈을 먹어 손으로 두드리고 발로 차며, 쌍욕을 날리다 결국 씩씩거리며 자리를 떠난다. 자판기에 문제가 생겨 안내된 번호로 연락하면 관리인이 와서 돈을 돌려주곤 한다. 하지만 100원을 돌려받자고 언제 올지 모를 관리인을 기다리느니 그냥 안 먹고 만다.

더 억울한 상황도 많다. 돈을 넣었는데 종이컵만 나오고 커피는 나오지 않거나, 종이컵이 나오지 않아 커피가 밑으로 주르륵 새는 경우다. 때로는 커피, 프림, 설탕 중 하나가 소진

되어 비율이 엉망으로 나올 때도 있다. 가장 황당한 경우는 커피가 떨어져 프림과 설탕만 나올 때다. 그 시절, 가뜩이나 우울한 청춘들에게 자판기마저 안 도와준다.

커피 자판기는 단순히 커피만 뽑는 기계가 아니라 추억을 함께 담아내는 장소였다. 자판기 앞은 수많은 청춘의 꿈과 희망, 좌절과 실패가 켜켜이 쌓인 추억의 장소이기도 하다. 디즈니+ 오리지널 시리즈 <무빙>에서도 커피 자판기는 주인공 두식(조인성)과 미현(한효주)의 밀회 장소로 활용된다. 국정원 내 초록색 커피 자판기 앞에서 커피를 뽑아 마시며 밀당을 하고 대화를 나누며 서로의 마음을 확인한다. 현실에서도 자판기가 있는 곳이라면 어디든 그 앞을 오가다 자연스레 말을 트고, 종종 커플이 되는 경우가 생긴다. 드라마 <무빙>처럼 동전이 있는데도 동전이 없는 척하며 관심 있는 상대에게 커피를 뽑아 달라고 접근하는 적극적인 사람도 있다. 그렇게 커피 자판기는 모두에게 낭만과 추억이 머무는 곳이었다.

한국인의 커피 취향은 이미 원두커피로 넘어갔지만 의외로 한국을 방문하는 외국인들은 자판기 커피를 맛보고 눈이 휘둥그레지는 경우가 많다. 커피 전문가이자 ≪대한민국 사용후기≫, ≪맥시멈 코리아≫ 등 한국 사회를 통찰하는 서적을 출판한 작가이기도 한 스콧 버거슨은 2017년 온라인 커뮤니티에 '외국인이 극찬하는 한국 최고 커피'라는 제목의 게시물을 올렸다. 에스프레소 커피만 마시던 그가 300원으로 다양한 자판기 커피를 맛본 후로 인스턴트커피에 중독되었다고 전했다. 황금 비율을 자랑하는 자판기 커피 맛을 알아버린 외국인들은 고국에 돌아갈 때 자판기를 들고 갈 수는 없으니 믹스커피를 몽땅 사 들고 가서 아껴먹고 나눠 먹고 애지중지하며 마신다고 한다.

자판기 커피는 인스턴트커피를 사용하지만, 자판기마다 미묘하게 다른 맛을 낸다. 커피 맛은 전적으로 관리자의 역량에 달려 있다. 자판기 관리자는 대한민국 바리스타의 원조라 해도 과언이 아니다. 자판기 업자마다 레시피도 다르고 운영 방침도 달라 이들의 손맛에 커피 맛이 갈린다. 특히 자판기 위생 문제는 이들의 윤리의식에 좌우된다. 흥미롭게도 자판기 관리자는 자신이 관리하는 자판기 커피를 절대 마시지 않는다고 한다. 자판기 커피는 싸고 간편하며 달콤한 커피를 제공하는 데 초점이 있다. 목적이 뚜렷한 효율적인 시스템으로 사람 손이 거의 필요 없다. 사람은 재료를 채워 넣고 기계 관리만 하면 된다. 이러한 자판기 커피는 최근 늘어나고 있는 무인 카페의 원형이라고 할 수 있다. 자판기는 시대를 앞서간 간편함과 경제성의 혁신이다.

성격 급한 한국 사람들을 겨냥한 최적의 카페, 자판기 커피는 진화를 거듭하고 있다. 커피가 나오는 동안 고새를 못 기다리고 문을 열어 종이컵을 잡고 있는 사람도 있다. 역시 한국 사람이다. 이젠 자판기 속 커피가 만들어지는 시간만큼도 기다릴 필요가 없어졌다. 따서 마시는 컵, 캔, 페트 등 RTD 커피와 우후죽순 늘어나는 편의점 때문이다. 편의점은 '바로 마시는 커피'의 만물상이 되었다. 더욱이 커피 입맛과 세태의 변화 속에 커피 전문점이 기하급수적으로 많아지면서 자판기 커피는 설 자리가 좁아지고 있다.

자판기는 사라지고 있지만 자판기에 대한 추억은 마음 한편에 여전히 남아 있다. 가끔이라도 우연히 자판기를 볼 때 떠올릴 추억이 있다는 것만으로도 심장이 따뜻해진다. 추억은 과거로의 도피가 아니라 시간의 흔적이자 미래로 나아가는 힘이다. 어떤 일을 해야 할지 모르겠다면 나중에 추억하고 싶을 만한 일을 선택하라는 엘비스 프레슬리의 말처럼 매일 마시는 커피에 기억할 만한 아름다운 이야기들이 차곡 차곡 쌓여 가면 좋겠다.

데일리 커피 익스프레스

자판기 커피 맛있게 먹는 5가지 방법

1. 먹고 싶은 커피 두 잔을 뽑는다. 율무차 한 잔을 뽑아 둘을 섞어 먹는다.

2. 블랙커피와 우유를 한 잔씩 뽑는다. 둘을 섞어 카페라테로 마신다.

3. 일반 커피와 코코아를 한 잔씩 뽑는다. 둘을 섞어 카페모카로 마신다.

4. 다 먹고 얼음만 남은 아이스 커피에 새 블랙커피를 붓고 새로운 아아를 제조해서 마신다.

5. 쑥차와 우유를 한 잔씩 뽑는다. 둘을 섞어 쑥차라테를 만들어 마신다.

Coffee & Music

소울스타의 '300원짜리 커피'

돈 없이 사랑하는 사람과 함께 있는 것만으로도 행복하던 시절이 있다. 소울스타의 '300원짜리 커피'는 가진 게 없어서 300원짜리 커피밖에 줄 게 없는 남자와 그런 남자라도 이해하며 사랑스럽게 바라보는 여자의 이야기를 담았다. 단순한 멜로디와 담백한 사운드는 음악을 듣는 내내 삭막했던 마음을 따뜻하게 감싸 준다. 추운 겨울 사랑하는 사람도 따뜻한 내복도 없다면 오랜만에 자판기 커피 한잔 뽑아 들고, 소울스타의 '300원짜리 커피'를 들으며 몸과 마음의 온도를 올려 보길 바란다.

표현과
과시 사이,
나라는 사람

셀피 커피

셀피 커피(Selfie Coffee)는 커피 위에 자기 사진(셀피)을 프린트한 커피로, 얼굴이 새겨졌다는 것을 의미하는 '얼굴 라테', '셀피 커피', '셀피 라테' 등 다양한 이름으로 불린다. 자신만의 개성을 담은 커피로 SNS에 올리기 좋아 인기를 끌고 있다.

셀피 커피 주문 방법

1. 매장에서 셀피 커피를 주문한다.

2. 3D 커피 프린터와 연동된 전용 앱을 스마트폰에 설치한다.

3. 앱에서 직접 사진을 찍거나, 앨범에서 원하는 이미지를 고른다.

4. 선택한 사진을 기계로 전송한다.

5. 얼굴이 새겨진 나만의 커피를 받는다.

6. 내 얼굴을 마신다.

라테 한 잔이 5,400원인데, 셀피라테는 6,400원이네. 바닐라, 연유, 캐러멜은 아니고 새로운 시럽을 추가한 음료인가 보다. 새로운 건 못 참지. "셀피 라테 주세요." 미지의 세계로 탐험을 떠나는 모험가처럼 비장하게 주문을 마쳤다. 그러자 직원이 말했다. "손님, 카카오톡 친구 찾기에서 'OO카페 셀피 라테'라고 검색하시면 1:1 오픈 채팅방이 있습니다. 거기로 원하는 사진 보내 주세요." 순간 머릿속이 복잡해졌다. 이건 회원가입을 위한 신종 수작인 건가 보다. 사은품 하나 받으려 해도 앱을 깔라고 하고, 앱을 깔면 회원가입을 하라고 하고, 회원가입을 하려면 또 인증을 하라고 하고. 안 해! 못해! 강하게 사양 의사를 밝혔더니, 직원이 당황한 얼굴로 '셀피 라테는 원하는 사진을 라테 위에 그려주는 음료'라고 설명해 주신다. 커피 덕후의 자존심은 처참히 무너지고 "그냥 카페라테 주세요…" 소심하게 주문을 변경하고 자리로 돌아왔다.

셀피 라테는 커피 위에 그림이자 글자를 새겨넣는 라테 아트의 확장판이라고 볼 수 있다. 이 커피는 이스라엘 커피 기기 회사인 '리플스(Ripples)'가 개발한 것으로, 3D 프린팅 기술에 잉크젯 시스템(잉크를 분사하는 방식)을 접목해 탄생했다. 고객이 셀피 라테를 주문 후 앱을 설치하고, 사진을 찍거나 사진 앨범에서 원하는 사진을 찍어 매장에 전송하면 3~4분 이내 자기 얼굴이 새겨진 라테를 받을 수 있다. 3D 커피 프린터 기계가 식용 잉크를 이용해 라테 거품 위에 이미지를 정밀하게 분사하는 방식으로 제작된다. 기술과 커피가 결합된 이 커피는 독창적 서비스로 특별한 경험과 추억을 선사한다.

셀피 커피는 TV 프로그램 '짠내투어'와 '배틀트립' 싱가포르 편에 방영되면서 대중에게 알려졌다. 셀피 커피가 국내에 본격적으로 등장한 것은 그리 오래되지 않았다. 2017년 3월 초, 삼성동 스타필드 코엑스몰 내 '이마트24 편의점'이 셀피 커피 기계를 들여오면서 얼굴을 새겨주는 라테를 판매하기 시작했다. 당시 세간의 관심이 뜨거웠으나, 현재는 판매하지 않고 있다. 2017년 9월, 매니지먼트 회사 FNC가 명동에 'FNC WOW' 카페를 오픈하면서, 이곳에서도 셀피 라테를 판매한다고 알렸다. 소속 연예인인 AOA 설현, 씨엔블루 정용화, FT아일랜드 이홍기 등의 연예인 얼굴이 새겨진 커피 사진이 인스타그램에 줄줄이 올라오며, 많은 팬들의 관심을 끌었다.

3D 프린팅 기술을 이용해 세상에 딱 하나뿐인 나만의 커피를 만들 수 있다니 도전해 볼 만한 재미와 특별함이 있다. 배틀트립 싱가포르 편에서는 개그맨 유민상 씨와 문세윤 씨가 셀피 커피를 시켜 상대방의 얼굴을 떠먹으며 티키타카를 나누는 모습이 무척 재밌었다. 연인끼리 친구끼리 즐길 수 있는 색다른 경험이다. 셀피 커피는 개성을 중시하는 MZ세대의 취향을 제대로 저격했다. 이제 커피를 입이 아니라 눈으로 마시는 시대가 되었다. 웬만해서는 사람들의 시선을 끌기 어려운 인스타그램에서도 셀피 커피는 사람들의 관심을 사로잡는다. 하나둘씩 올라오고 있는 특이한 커피 사진 대부분이 셀피 커피다. 사진을 찍어 공유하는 문화가 발달한 현대 사회와 딱 맞아떨어진다.

"나는 찍는다. 고로 존재한다"라는 말처럼, MZ세대에겐 찍히지 않은 일은 없었던 일이 된다. 스마트폰으로 찍는 것도 모자라 요즘 길거리에는 '인생네컷'과 같은 즉석 무인 사진관이 한 건물에 2~3개씩 있다. 과거 사진관은 특별한 날을 기념하기 위해 옷을 차려입고, 낯선 사진사 앞에서 어색한 웃음을 짓는 번거롭고 불편한 공간이었다. 그러나 무인 사진관은 부담 없는 가격으로 혼자 또는 친구들과 즐겁게 추억을 남길 수 있어, MZ들의 놀이터가 되고 있다. 사진이 인화되는 동안 QR 코드로 사진과 타임랩스 영상을 스마트폰에 디지털 파일로 저장할 수 있으며, 저장한 파일은 곧바로 SNS에 업로드할 수 있다.

그냥 좋아서 사진을 찍고 올리는 것일 수도 있지만, 기저에는 관심과 인정에 대한 욕구가 있다. 40대 이상은 텍스트 기반의 밴드, 블로그, 페이스북 등을 주로 이용하는 반면, 10~30대는 순간을 포착한 사진 중심의 인스타그램을 선호한다. 한 장의 사진을 통해 언어로 표현할 수 없는 감정과 경험을 담고, 이를 사람들에게 보여주며 인정받고 싶어한다. 엄밀히 말해 찰나의 순간을 담는 사진이라기보다 인증에 가깝다고 볼 수 있다. 개인 기록, 자기표현, 자기만족을 넘어 자기자랑, 과시, PR(알리기)에 가까운 행위로 확장될 수 있다. 자신을 알림으로써 존재감을 확인하고자 하는 것이다.

"나 오늘 플렉스해 버렸어." 플렉스(Flex)는 젊은 세대 사이에서 많이 사용되는 용어로 자신의 성공, 부, 성취 등을 과시하거나 자랑하는 행위를 의미한다. 이는 현대 사회에서 자신을 표현하고, 성취를 인정받고 싶어하는 욕구를 반영하는 문화적 현상이다. 2020년에 발표된 한 논문에 따르면 한국 사회, 특히 젊은 세대에서 자신을 사랑하는 나르시시즘 성향이 꾸준히 증가해 왔다. 이와 함께 SNS에서 '과시적 자기 노출' 경향도 두드러지고 있다.* 과시적 자기 노출을 통해 긍정적인 피드백(좋아요, 댓글)을 받는 경험은 개인의 '주관적 안녕감'(만족도나 행복도)을 높이는 데 기여한다고 한다.

물론 플렉스에 긍정적인 효과만 있는 것은 아니다. 타인의 과시적 게시물을 보는 것뿐만 아니라, 자신을 과대 포장해 드러내는 과시적 자기 노출 행위도 삶의 만족감을 떨어뜨릴 수 있다. 과도한 플렉스는 타인에게 불쾌감을 줄 수 있으며, 진정한 성취보다 외부의 평가에 집착하게 만들 위험이 있다. 2017년 발표된 딘의 노래 '인스타그램'은 이와 같은 문제를 담고 있다. 무언가 잘못된 것 같고 마음에 구멍이 뚫린

*   신선화·서미혜, "인스타그램 이용자의 나르시시즘이 자기 노출을 거쳐 주관적 안녕감에 미치는 영향과 긍정적 피드백의 조절효과: 기록적, 과시적 자기노출의 차이를 중심으로," *사이버 커뮤니케이션 학보* 37(1) (2020): 47~88.

것 같지만, 여전히 핸드폰을 손에서 놓지 못하고 인스타그램에 시간을 허비하는 심경이 담긴 노래다. 딘은 실제로 자기전 침대에 누워 인스타그램을 할 때 알 수 없는 답답함과 우울감을 느꼈다고 고백하기도 했다.

자기를 드러내는 것이 놀이이자 유희가 된 세상에서 플렉스와 같은 자기표현은 건강한 수준에서 조절될 필요가 있다. 자기 행복의 결정권은 타인이 아닌 나에게 있어야 한다. 젊은 세대들은 기성세대와 달리 미래보다 지금 이 순간에 더집중하고, 생각과 욕망을 표현하는 데 거리낌이 없다. 소통전문가 김주환 교수는 우리가 느끼는 행복이 대부분 타인과의 관계에서 온다고 말한다. 아무도 없는 무인도에서 위대한기술을 발명하거나 자신을 성장시킨다 해도, 이를 알아주는사람이 없다면 진정으로 행복할 수 있을까? 행복은 타인과의 관계 속에서 오는 게 맞지만, 그 중심은 여전히 나 자신이어야 한다. 단순한 과시보다는 개성과 가치를 건강하게 드러낼 수 있는 표현 방법을 찾아, 더 우아하고 충만한 삶을 누렸으면 한다.

데일리 커피 익스프레스

커피와 3D 프린터의 만남

기존 라테 아트는 우유 거품으로만 만들기 때문에 흰색 이외의 색을 표현하기는 어려웠는데, 기술의 발전으로 3D 프린터를 통해 화려한 디자인이 가능해졌다. 라테 아트 3D 프린터는 식용 색소를 활용하기 때문에 기기에 사진을 전송하면 원하는 이미지가 컬러로 구현된다. 식용 색소는 다른 식품류에도 사용되고 있으며 한 잔에 극소량만 사용되기 때문에 인체에는 무해하다. 커피 3D 프린터를 개량해 맥주 전용 프린터가 개발되어 커피뿐만 아니라 맥주 위의 거품에도 그림이나 문구를 새길 수 있다. 디지털 기술의 발전으로 라테 아트나 비어 아트 등 새로운 감성과 재미를 경험할 수 있게 되었다.

또한 3D 프린터는 커피와 맥주 찌꺼기를 처리하는 데도 활용되고 있다. 미국 노스다코타주 파고에 있는 기업 '3DomFuel'은 맥주·커피 찌꺼기를 비롯한 농업 폐기물로 3D 프린터 재료인 필라멘트를 만들었다. 필라멘트는 주로 플라스틱을 재료로 사용해 왔는데 최근 옥수수, 사탕수수, 고구마 또는 당분을 함유한 농작물에서 추출된 젖산으로 만든 친환경 소재들이 주목받고 있다. 커피 찌꺼기를 소재로 한 필라멘트로 커피잔이나 커피 받침대를 만들고, 3D 프린터로 라테 아트를 디자인해 마실 수 있는 시대가 되었다.

Coffee & Music

딘(DEAN)의 '인스타그램(instagram)'

2017년 발표된 딘의 인스타그램은 뜨거운 인기를 얻으며 각종 차트 상위권을 휩쓸었다. "잘난 사람 많고 많지. 누군 어디를 놀러 갔다지. 좋아요는 안 눌렀어. 나만 이런 것 같아서." 이 노랫말은 인스타그램 속 화려한 일상과 자신을 끊임없이 비교하며, 부족함을 느끼고 스스로를 다그치며 살아가는 우리의 모습을 깊이 관통한다. 이 곡

143

은 딘의 의도처럼 '위로나 해결 방법을 주는 곡은 아니지만, 옆에서 함께 울어주는 친구 같은 곡'이다. 우울하고 뭉클한 선율이 현대인이 느끼는 공허함과 불안감을 진솔하게 어루만진다. 셀피 라테 한 잔 앞에 두고 타인의 시선이 아닌 온전한 나 자신을 마주하는 시간을 가져 보자. 여백을 통해 우리 존재가 더욱 선명해질 것이다.

우애

"커피를 음미하는 행위에는

사람들을 연결하고 공동체를 결성하는 힘이 있다.

그 놀라운 위력에 나는 매료되었다."

- 스타벅스 회장 하워드 슐츠

타인을
환대하며
삶의 허기를
채우다

드립 커피

드립 커피는 분쇄한 원두를 드리퍼에 담아 온수를 통과시켜 추출하는 커피다. '푸어오버 커피(Pour-Over Coffee)'나 '필터드 커피(Filtered Coffee)'라고도 한다. 가정이나 직장에서 커피메이커를 사용해 간편하게 커피를 내릴 수 있으며, 최근에는 손으로 직접 내리는 핸드 드립 커피가 대세다. 아메리카노와 비교하면 필터를 통과시킨다는 점에서 미분과 유분이 걸러져 더 깔끔한 커피 맛을 느낄 수 있으나, 손 기술에 따라 맛의 편차가 크다. 드립 커피의 황금 비율은 분쇄 원두 10g당 물 180㎖(미국 커피추출센터 기준)로 알려져 있다.

핸드 드립 순서 (총추출 시간 : 2분 30초~3분)

1. 필터를 드리퍼에 넣고, 뜨거운 물로 내부를 적신다.

2. 드리퍼와 용기를 예열하고 물은 버린다.

3. 분쇄한 원두를 필터에 넣고 물(89~92도)을 붓는다.

4. 드리퍼 중심에서부터 소량의 뜨거운 물을 천천히 부어준다.

5. 원두를 골고루 적시고, 약 30초간 기다려 가스를 방출한다.

6. 뜨거운 물을 천천히 원을 그리며 2~3차례 나누어 붓는다.

7. 드리퍼를 제거하고, 추출된 커피를 잔에 담아 마신다.

2022년 여름을 뜨겁게 달군 드라마 박해영 작가의 <나의 해방일지>의 핵심 키워드는 다름 아닌 환대였다. 인생의 즐거움은커녕 지친 얼굴로 하루를 버텨내던 인물들이 서로를 만나 관계를 맺고, 그 관계 속에서 자신을 새롭게 발견해가는 과정을 섬세하고 진솔하게 그려냈다. 드라마에서 가장 자주 등장하는 장면은 반복되는 일상이다. 가족이 모여 아무 말 없이 밥을 먹고, 출근하고, 직장에서 일하고, 퇴근 후 술을 마신다. 지루한 삶이 반복된다. 뭔가 삶의 변화를 기대하지만 아무 일도 일어나지 않는 무채색의 삶이다.

주인공들은 모두 그런 삶에서 벗어나기를, 해방되기를

갈구한다. 그런 지루한 삶, 채워지지 않은 삶에서 주인공 미정은 '추앙'이 필요하다고 말한다. "난 한 번도 채워진 적이 없어. 그러니까 날 추앙해요. 가득 채워지게. 난 한번은 채워지고 싶어. 사랑으론 안 돼. 추앙해요." 추앙? 웬 난데없는 궤변인가 싶은데 묘하게 신선하고 중독적이다. 삶의 바닥을 치고 있던 미정은 사랑으로 채울 수 없는 삶의 허기, 존재의 결핍을 추앙으로 채우려 한다.

드라마가 전개되며 미정과 구 씨는 서로의 삶에 점점 더 깊이 스며든다. 미정은 구 씨에게 말한다. "아침마다 찾아오는 사람한테 그렇게 웃어. 그렇게 환대해." 그 말은 구 씨의 마음을 흔든다. 끝없는 분노와 슬픔 속에서 자신을 배신한 형에게 이렇게 말한다. "형, 환대할게. 환대할 거니까 살아서 보자." 추앙은 사랑하는 사람에게만 머물지 않는다. 적대적이었던 사람에게도, 아픔을 준 사람에게까지 확장된다. 그렇게 추앙은 환대가 되고, 환대는 미움으로 굳어진 관계마저 녹여낸다.

환대(Hospitality)는 반갑게 맞아 정성껏 후하게 대접한다는 뜻이다. 한국 전통 다례는 격식에 지나치게 치우치지 않고 자연스럽게, 하지만 예절을 갖추고 손님을 배려하는 마음으로 차를 우리는 것을 중요시한다. 다도에는 손님의 상황이나 기분까지 배려해 섬세한 곳까지 만전을 다한다는 '환대'의 마음가짐이 담겨 있다. 서양에서는 예전부터 귀한 손님이 오면 붉은 카펫을 길게 깔아 그 위를 밟고 가게 함으로써 존경의 뜻을 표하는 관습이 있었다. 오늘날 시상식에서 레드 카펫을 까는 것도 여기서 기인했다. 환대는 레드 카펫처럼 타자에 대한 인정과 존중을 의미한다. 추앙과 환대는 인간 고유의 본성이자 진정한 인간다움의 표현이다. 인간다움이 충만할 때 우리는 진정한 해방에 이를 수 있다.

환대의 마음을 나누기에 커피만한 것도 없다. 공식적인 자리도, 친구들과의 편안한 자리도 커피로 시작되곤 한다. 커피를 통한 환대는 사회적 상황과 개인적 취향에 따라 다양하게 표현된다. 코로나19는 인류의 삶 전반뿐 아니라 커피 문화에도 큰 변화를 가져왔다. 외부 활동이 제한되며 집에 머무는 시간이 늘어나고, 재택근무로 출퇴근 시간의 여유를 얻게 된 직장인들은 '슬기로운 집콕 생활'을 위한 새로운 활동을 찾아 나섰다. 커피믹스로 만드는 달고나 커피 유행이 대표적이다. 세상에서 가장 작은 카페, 카누가 지겨워질 즈음엔 직접 커피를 내려 마시는 취미로 발전했다. 홈 카페족이 늘어나면서 커피에 대한 관심과 취향이 높아졌고, 이를 반영하듯 추출 방식도 더욱 다양해졌다.

커피를 추출하는 방식은 가압 추출, 여과법, 침지법, 달임법 등의 4가지로 나뉜다. 가압 추출(Pressed Extraction)은 분쇄된 커피 가루에 뜨거운 물로 압력을 가해 추출하는 방식으로 '에스프레소'와 '모카포트'가 있다. 여과법(Brewing)은 분쇄된 커피 가루에 뜨거운 물을 부어 추출하는 방식으로 핸드 드립, 커피메이커, 워터드립(더치커피) 등의 방식이 있다. 침지법(Infusion)은 일명 우려내기로 추출 용기에 커피 가루와 물을 넣고 커피 성분이 용해되길 기다린 후 커피 가루를 걸러 음용하는 방식이다. 한때 유행했던 프렌치프레스가 있다. 달임법(Decoction)은 세계에서 가장 오래된 전통 커피 추출법이다. 추출 용기에 커피 가루와 물을 넣고 짧은 시간 동안 끓인 후 부유물이 가라앉으면 음용하는 방식이다. 대표적으로 튀르키예 커피인 이브릭 또는 제즈베가 있다.

4가지 중 커피의 풍미를 가장 잘 표현하는 추출법은 개인적으로 여과법이다. 커피 머신에 비해 상대적으로 도구를 준비하는 비용도 적다. 야심 차게 고가의 커피 머신을 들여놓았다가 머신 청소와 관리의 번거로움에 장식품이 되는 경우가 허다하다. 여과법의 정수는 역시 핸드 드립이다. 핸드 드립은 원두를 그라인더에 갈고, 필요한 도구들을 준비하고, 물을 끓여 적정한 온도로 맞춰 여러 차례 물을 부어내린다. 이 과정이 한국식 다도(茶道)를 닮았다.

우리 조상들은 차 한 잔을 마실 때도 예의와 풍류를 중요시했다. '차를 대하는 예절'이라는 뜻의 다례(茶禮)는 차를 마실 때 필요한 다구(茶具)들과 물, 찻잎, 차와 함께 먹는 다과를 준비하는 전 과정이 포함된다. 정성스레 불을 피우고 물을 잘 끓여 좋은 차를 잘 우려 마시는 평범하고 일상적인 일이지만, 이 평범한 일체의 행위들이 정신을 가다듬어야만 가능하다는 점에서 선인들은 차를 마시는 행위를 도(道)로 승화시켜 다도(茶道)라 불렀다.

차는 색(色), 향(香), 미(味) 등 3요소가 조화를 이루어야 비로소 진정한 맛을 느낄 수 있다.* 커피도 마찬가지다. 커피를 내리는 전 과정에 정신을 곧추세우고 정성을 다할 때 커피의 풍미를 최대한 끌어 올릴 수 있다. 차와 핸드 드립 커피

——————————

* "한국의 다도 -다반향초(茶半香初)의 풍류에 매료되다," 미래에셋증권, 2022년 11월 호, https://webzine.securities.miraeasset.com/bbs/board.php?bo_table=MD45&wr_id=182.

는 맛도 중요하지만 음료를 마실 사람에 대한 배려 '환대'의 마음가짐이 담겨 있다는 점에서 의미가 크다. 스타벅스가 주름잡고 있던 커피 시장에서 완전히 새로운 카페 문화를 보여준 블루보틀의 성공 전략은 '환대'였다. 주문하고 1분 만에 균일한 맛을 내는 스타벅스와 달리 블루보틀은 15분이나 걸려 드립 방식으로 커피를 내준다. 친구 같은 바리스타가 나를 바라보고 내 커피 취향을 물어가며 온전히 나를 위한 커피를 만들어준다. 블루보틀의 이러한 전략은 와이파이와 콘센트 없이도 확실히 통했다.

커피는 가장 개인적이면서 가장 사회적인 음료이다. "내 마음이 원하는 건 커피가 아니라 진정한 우정이고, 커피는 그저 구실일 뿐이다." 최초의 커피 하우스 키바 한(Kiva Han)의 벽에 적혀 있는 문구다. 커피 한잔하며 서로의 마음을 나누고, 문학과 예술을 논하고, 사회적 담론이 오가기도 하고, 비즈니스를 성사하기도 한다. 핸드 드립으로 정성껏 내린 따뜻한 커피 한잔 놓고, 소중한 사람과 마주하자. 각자의 굴레를 벗어나 서로 추앙하고 환대할 때 온전한 해방에 이를 수 있다. 핸드 드립은 도(道), 일종의 현대식 '가배도(咖啡道)'라 칭할 만하다.

데일리 커피 익스프레스

필터 커피를 발명한 평범한 주부

커피 가루를 넣고 끓이는 튀르키예식 방식은 항상 커피에 원두 찌꺼기가 남는 문제가 있었다. 이 문제를 해결하기 위해 깡통 바닥에 못으로 구멍을 뚫고 그 위에 종이를 올려 커피 우린 물을 아래 주전자에 걸러내는 방식을 고안해 냈다. 최초의 필터 커피는 거창한 실험실이 아니라 독일 드레스덴의 평범한 가정주부의 부엌에서 탄생한 것이다. 종이는 그녀의 아들이 학교에서 쓰던 공책이었다. 그녀의 이름이 바로 멜리타 벤츠(Melitta Bentz, 1873-1950)다. 이후 깔끔한 커피를 마실 수 있는 그녀의 새로운 방식이 주변에 알려져 효과를 입증 받자, 1908년 6월 20일 자신의 커피용 종이 필터 모델을 베를린 특허청에 등록하고, 같은 해 12월에 가족 회사를 설립했다. '멜리타 커피필터(Melitta Kaffeefilter)'를 상표로 하는 원통형 드리퍼와 그에 맞는 규격의 일회용 종이 필

터를 생산하여 판매하기 시작했다. 당시 멜리타
의 커피 필터는 푸어오버 방식으로 추출되며, 드
립커피의 시초가 되었다.

Coffee & Music

폴킴의 '커피 한잔할래요'

"커피 한잔할래요?" 직장 동료 혹은 가까운 친구
에게 편안하게 던질 수 있는 일상적인 말이지만,
짝사랑하는 사람이라면 입 밖으로 꺼내질 못하고
속으로만 수십 번 삼키게 된다. 커피 한 잔 마시
자는 그 쉬운 말이 입술을 꼭 깨물고 용기를 내어
건네야 하는 무거운 말이 된다. 좋아한다, 사랑한
다는 말을 너무 대놓고 하면 의미가 반감되는 것
도 같다. 한참을 망설이고 뜸을 들여 간신히 커피
한잔으로 마음을 표현할 때 더 진하게 다가온다.
커피 한잔 마주하고 대화를 나누며 상대방도 자
신과 같은 마음이라는 것을 알았을 때의 그 안도
감과 감사함, 행복감은 이루 말할 수 없다. 가슴

속의 얘기를 나누고 싶은 누군가에게 오늘은 꼭

연락해 보자.

밀어내지
않고
부드럽게

카페라테

카페라테는 에스프레소에 우유를 넣은 커피다. 이탈리아어로 카페는 커피를, 라테는 우유를 뜻한다. 일반적으로 커피잔에 에스프레소를 먼저 붓고, 스팀 우유를 붓고, 거품층을 만든다. 카페라테와 유사한 카페오레, 카푸치노, 플랫화이트는 모두 우유와 에스프레소를 조합한 음료이지만, 재료의 비율에 따라 맛과 질감이 다르다.

음료	커피 비율	우유 준비 방식	특징
카페라테	낮음	스팀 밀크 소량 거품(0.2인치)	부드럽고 크리미함
카페오레	중간	데운 우유	라이트하고 우유 거품 없음

카푸치노	중간	스팀 밀크 풍성한 거품(0.4인치)	풍성한 거품, 에스프레소 풍미 강조
플랫화이트	높음	얇은 스팀 밀크 (0.2인치 이내)	진하고 에스프레소 풍미 강함

늦잠 자느라 아침도 거르고 허둥지둥 미팅 장소에 도착한 날이면 오늘의 커피는 카페라테가 된다. 빈속에 아메리카노는 왠지 속이 쓰릴 것 같고, 부드러운 우유가 들어간 카페라테가 적당히 공복의 배고픔도 해결하고 건강에도 좋을 것만 같다. 에스프레소만 먹는 이탈리아인들도 오전에는 우유를 넣어 마신다고 하니 커피 덕후의 자존심도 지킬 수 있다.

카페라테는 아메리카노만큼이나 사랑받는 메뉴 중 하나다. 우유와 어우러지면서 더해지는 고소하고 부드러운 풍미는 카페라테만의 매력이다. 우유를 많이 넣거나 오래 데우면 우유 비린내가 날 수 있다. 커피를 너무 많이 넣으면 농도가 진해져 전혀 다른 음료가 될 수 있어, 에스프레소와 우유와의 비율이 중요하다. 맛있는 카페라테는 밸런스에서 나온다.

어느 멋진 가을날 친구와 분위기 있는 카페에서 카페라테를 주문했다. 라테 아트도 예쁘고 우유 스티밍 수준도 딱 좋았으나 에스프레소가 너무 진했다. 친구가 잠깐 화장실에 다녀온다고 나갔는데 30분 넘게 돌아오질 않았다. 휴지가 없다던가, 밖에서 문이 잠겼다던가 걱정되어 전화했더니 별일 없다고 그냥 좀 걸린다고 한다. 굳이 설명하지 않아도 어떤 상황인지 이해가 되었다.

카페라테를 마시면 배가 아프다는 사람들도 많다. 카페인에 민감하거나 유당불내증이 있는 경우이다. 스타벅스의 '돌체라테'가 관장 라테로 통하기도 한다. 카페 음료 중 반이 라테류의 베리에이션인데 유당불내증이 있다면 커피의 다양한 세계를 반밖에 경험할 수 없다. 우유의 부작용에도 커피가 우유를 만난 건 행운이다. 둘의 결합이 없었다면 커피 유니버스는 매우 협소했을 것이다. 우유와 커피가 펼치는 향연 덕분에 우리의 눈과 입은 마냥 행복하다. 에스프레소와 우유의 비율에 따라 카페라테, 카페오레, 카푸치노, 플랫화이트가 만들어진다.

카페라테와 자주 비교되는 카페오레는 프랑스에서 주로 먹는 방법으로 드립 커피에 우유를 소량 넣는데, 카페라테는 에스프레소를 베이스로 한다는 점에서 차이가 있다. 카페라테와 가장 헷갈리는 메뉴는 카푸치노다. 카푸치노는 커피의 색이 카푸친회(가톨릭 남자 수도회) 수사(修士)들이 입었던 수도복과 같아서 붙여진 이름이다. 카푸치노의 특징을 라테에 시나몬을 뿌린 것으로 생각하는 사람들이 많다. 카푸치노의 시나몬은 옵션일 뿐 중요한 것은 우유의 양과 거품의 양이다. 우유량이 많고 거품양이 적으면 카페라테, 우유량이 적고 거품양이 많으면 카푸치노가 된다. 플랫화이트는 거품이 없어 납작한(Flat) 화이트 커피라는 뜻으로 거품층이 따로 없으며, 컵도 작고 카페라테보다 진하다. 호주와 뉴질랜드에서 즐겨 마시며, 우리나라에서도 흔한 메뉴가 되었다.

카페라테, 카푸치노, 플랫화이트는 각각 다른 우유의 질감이 고유의 특성을 만든다. 이러한 차이를 만들어 내는 것이 우유 스티밍이다. 라테와 플랫화이트에는 약 0.2인치 마이크로 폼이 들어간다. 마이크로 폼이란 스팀 완드로 우유를 가열하는 동안 공기가 주입되어 만들어지는 거품 형태 또는 두터운 질감의 우유를 말한다. 카푸치노는 거품이 카페라테나 플랫화이트보다 훨씬 많은데, 스페셜티 커피 협회에 따르면 카푸치노는 컵 상단에 최소 0.4인치의 거품을 포함해야 한다. 카페라테나 플랫화이트의 두 배에 가깝다. 카푸치노와 같이 두텁고 단단한 거품을 만들려면 스티밍 시 주입되는 공기량을 늘려야 한다. 어떤 카페는 '라테 맛집'이라고 홍보를 하는데 카페라테, 카푸치노, 플랫화이트 뭘 주문해도 우유 거품의 상태가 다 똑같다. 라테를 1도 모르는 '라테 망집'이다.

라테를 우유의 고소한 맛이나 시럽의 달달한 맛으로 즐기는 사람들도 많다. 하지만 우유나 단맛이 커피 맛을 가린다면 좋은 커피라고 할 수 없다. 맛있는 카페라테는 진하고 크리미한 우유의 단맛이 잘 중화되어 커피 본연의 맛과 향을 잘 느낄 수 있어야 한다. 그래서 우유의 역할이 매우 중요하다. 우유 스티밍의 디테일이 커다란 차이를 만든다. 자기 성질을 완전히 잃지 않으면서 다른 성질인 커피의 맛을 끌어내야 한다. 이게 어디 말처럼 쉬운가.

가족 안에도 라테의 우유 같은 존재가 있다. 얼굴도 안 보고 데려간다는 딸 부잣집 셋째딸인 나는 위로 언니 둘과 아래로 남동생이 하나 있다. 학업, 직장, 결혼, 출산으로 이어지는 삶의 코스를 밟아가며 정신없이 살던 세 자매는 이제 좀 한시름 돌리며 함께 여행을 다닌다. 여행하며 같이 먹고, 자고, 대화를 나누다 보니 이 사람이 내가 알던 그 사람이 맞나 싶게 그동안 몰랐던 모습을 발견하게 된다. 언니들이 자면서 코를 곤다는 사실도 처음 알았다. 둘째와 셋째는 먹고 싶은 것, 하고 싶은 것에 대한 생각을 명확히 드러낸다. 의견이 오가는 동안 첫째는 자기 생각을 꺼내 놓기보다 동생들의 의견을 듣고 조율한다. 카페에서 진동벨이 울리면 제일 먼저 일어서는 이도, 다 먹고 쟁반을 반납하려 제일 먼저 움직이는 이도 첫째다. 개인적인 성향도 있겠지만 첫째라는 특성을 무시할 수 없는 것 같다.

개인 심리학의 창시자 알프레드 아들러는 태어난 순서가 성격에 중대한 영향을 미친다고 주장했지만, 클리프 아이잭슨은 ≪출생의 심리학≫에서 '심리적' 출생 순서를 강조한다. 실제로 태어난 순서보다 태어나고 자란 환경이 성격 형성에 더 중요하다는 것이다. 심리적 첫째는 동생에게 사랑을 빼앗긴 아픔을 겪었기 때문에 상대방의 반응에 민감하다. 심리적 둘째는 첫째에게 경쟁심을 느끼며 자라 완벽을 추구하는 성격이며, 인정받으려는 욕구가 강하다. 심리적 셋째는 두려움을 정복하기 위해 노력하며, 협상과 타협에 능하다. 사실 가족은 평등하지 않다. 출생 순서와 가족 구조가 차별을 만들어 상처를 남기기도 한다. 누군가는 자기만 가족을 위해 희생했다고 생각하거나, 자기만 사랑받지 못했다는 피해 의식을 갖기도 한다. 가족 구성원 간 건강한 관계를 맺을 수 있도록 라테의 우유처럼 상처를 보듬고 융화시키는 존재가 필요하다.

가정 외에도 직장, 모임 등 사람이 모인 곳이면 특정 개인이 두드러지거나 차이로 인한 갈등이 첨예하게 대립한다. 누군가 반대 의견을 얘기하면 공격 받았다고 느낀다. 다름(Different)은 곧 틀림(Wrong)이 되기도 한다. 우리는 갈등을 발전적으로 해소하는 방법을 학습하지 못했다. 더욱이 우리가 살아가는 세상은 여유와 관용을 갖기에 너무 각박하다. 저성장·고위험 시대, 각자도생 사회에서 믿을 건 자신뿐이고 자신을 지켜내는 것이 삶의 목표다. 전영수는 그의 책 ≪각자도생 사회≫에서 은퇴는 앞당겨지고 수명은 길어지는 저성장의 시대 속에서 '각자도생'이란 단순한 개인주의가 아니라, 피할 수 없는 시대적 흐름이라고 말한다. 각자 자신의 삶을 충실히 살아내는 것이야말로 가족과 공동체를 지키는 가장 깊은 이타성의 표현이라는 것이다. 하지만 개인의 삶이 힘에 부쳐 고립되거나 불평등이 심화된다면 공동체 안에서 서로를 엮는 유대를 지켜내기는 쉽지 않다.

코로나19 팬데믹을 겪으며 우리는 개인과 공동체가 그리고 인간과 자연이 서로 긴밀하게 연결되어 영향을 주고받는

다는 것을 깨달았다. 우리는 서로의 환경이다. 그렇다고 어설
픈 책임감이나 자기 행복에 대한 희생을 강요한다고 먹힐 리
도 없다. 그냥 카페라테 한 잔에 들어가는 우유만큼만 어느
한쪽으로 치우치지 않으면서 자신을 지키고 타인을 존중할
수 있는 여유와 배려의 태도를 가지고 살 수 있으면 좋겠다.
지금 우리에게는 서로가 서로를 밀어내지 않고 어우러지는
스며듦의 미학이 필요하다.

데일리 커피 익스프레스

'꼰대는 라떼를 좋아해'

꼰대는 권위주의적인 태도로 남을 가르치거나 행동과 사고를 강요하는 사람을 뜻한다. 주로 기성세대를 가리키는 말로 사용되었지만, 최근에는 나이에 상관없이 이런 태도를 보이는 사람을 지칭하게 되면서 '젊은 꼰대(젊꼰)'라는 신조어도 등장했다. 꼰대의 정확한 어원은 명확하지 않지만, 몇 가지 유력한 설이 있다. 그중 하나는 나이 든 사람들이 우쭐거리며 고개를 젓는 모습을 뜻하는 '곤댓짓', 또 다른 하나는 나이 든 사람의 주름을 떠올리게 하는 영남 사투리 '꼰데기(번데기에서 유래)'에서 변형되었다는 설이다.

꼰대는 왜 라떼를 좋아할까? 꼰대와 라떼가 연결된 이유는 그들이 자주 사용하는 말에서 비롯되었다. 대표적인 꼰대 발언으로는 "너 내가 누군지 알아?", "어딜 감히?!", "나 때는 말이야!" 등이 있는데, 특히 '나 때'를 반복적으로 사용하다 보니 '라떼'가 꼰대를 상징하는 단어로 자리잡았다. 꼰대들이 젊었을 때 즐겨 마시던 자판기 커피, 봉지 커피, 다방 커피에는 커피, 설탕, 프림이 들어가 있어 오늘날의 라테와 비슷한 맛을 낸다. 실제로 탐앤탐스에서는 '꼰대라테'라는 메뉴를 출시해 온오프라인에서 큰 인기를 끌고 있다.

Coffee & Music

맨해튼 트랜스퍼(Manhattan Transfer)의 'Java Jive'

'나는 커피를 사랑해, 나는 차도 사랑해(I love coffee, I love tea)' 대놓고 커피 사랑을 외치는 재즈 보컬그룹 맨해튼 트랜스퍼의 'Java Jive'를 듣다 보면 달콤하고 부드러운 카페라테가 절로 생각난다. 남성 둘, 여성 둘로 구성된 혼성 4인조 보컬리스트들은 마치 카페라테 속 에스프레소와 우유처럼 완벽한 조화를 이루며 탁월한 하모니를 선사한다. 그룹 이름처럼 세련되고 깔끔한 스타

일이 돋보이는 음악을 들으며 카페라테 한 잔을 음미하다 보면, 마치 맨해튼의 어느 카페에서 리듬에 맞춰 둠칫둠칫 어깨를 들썩이는 듯한 기분이 든다. 1971년 첫 앨범을 발표한 이후 그래미상을 무려 10회나 수상하며 전설적인 커리어를 이어가고 있다. 2022년에 창단 50주년을 맞이하며 현역 아티스트로 활동 중이다. 턱시도와 드레스를 차려입고 무대를 누비는 그들의 모습은 여전히 경이롭다.

Let's be together

캔커피는 캔에 담아 판매하는 RTD(Ready to Drink) 방식의 커피 음료이다. 1965년 일본에서 캔커피가 처음으로 발매되었고, 1969년 우에시마 커피 컴퍼니에서 '밀크커피'를 발매하며 오늘날 캔커피의 틀을 확립하였다. 1975년 일본 코카콜라가 '조지아'를 내놓으면서 일본뿐 아니라 전 세계 최대의 캔커피 브랜드가 되었다. 자동판매기와 편의점, 슈퍼마켓 등에서 손쉽게 구매할 수 있으며, 한국에서도 상당한 시장 규모를 차지하고 있다.

주요 브랜드 :

레쓰비(롯데칠성), 칸타타(롯데칠성), 맥심 TOP(동서식품), 스타벅스 RTD(동서
식품), 조지아(코카콜라), 산타페(팔도), 프렌치카페(남양유업) 등

커피는 사람과 사람을 연결하는 마법 같은 힘이 있다. 커피 한잔 마주하고 나누는 대화의 힘은 인간관계에 큰 힘을 발휘한다. 어색하게 시작했던 사이라도 커피타임을 보내고 나면 괜찮은 친구가 된다. 덴마크 최초로 무슬림 이민자 출신 여성 국회의원이 된 외즐렘 제키지는 세계적인 강연프로그램 TED에서 경험에 근거한 '커피대화'의 중요성을 강조하며 큰 반향을 일으켰다. 타국 출신에 배타적이어서 그녀에게 비난 메일을 보낸 수백 명과 커피를 마시며 대화를 나눴고, 이 모임을 '커피대화'라고 이름을 붙였다. 대화야말로 증오와 폭력을 멈추는 최고의 수단이라고 확신한 그녀는 현재 세계인을 상대로 '커피대화' 캠페인을 펼치고 있다.

세상에서 가장 맛있는 커피는? 가장 비싸다는 루왁 커피도, 블랙아이보리 커피도 아닌 공짜 커피다. 그리고 그 커피를 누군가와 함께 마시는 것이다. 커피는 혼자 마셔도 좋지만 함께 마시면 더 맛있다. 캔커피의 대명사 레쓰비는 '우리 함께 하자'는 뜻의 'Let's be together'에서 따온 말이다. '캔커피를 마실 땐 함께 레쓰비를 마시자'라는 뜻으로 커피의 낭만을 완벽하게 표현하고 있다.

90년대 캠퍼스, 도서관을 누비며 풋풋한 사랑의 열병을 이겨내는 청춘들의 손에는 항상 레쓰비가 들려 있었고, 자신의 마음을 표현하는 수줍은 방식이 레쓰비를 건네는 것이었다. 영화 <건축학개론>, <유열의 음악앨범>, <동감>, <접속>, tvN 드라마 <응답하라 1994> 등 PC통신, 공중전화, 삐삐, 폴더폰이 등장하는 90년대 배경 시대물에는 레쓰비가 빠질 수 없다. 사람들은 바쁘고 정신없는 일상에서 레쓰비와 함께 광고 주인공을 꿈꾸며 잠깐의 낭만을 즐겼다.

"저 이번에 내려요" 1997년 레쓰비 광고는 당시 최고의 청춘스타였던 류시원과 신인 전지현을 내세워 그야말로 메가 히트를 쳤다. 이후 코미디 프로그램에서 엄청나게 패러디되었고, 현빈이 나오는 보험클리닉 광고 등 최근까지도 패러디 소재가 되고 있다. 1998년에는 비슷한 컨셉으로 배우 명세빈과 박용하가 출연해 "저 이번에 내려요"라고 말했고, 박용하는 "저는 이번에 못 내려요"라고 말하며 여자친구의 눈초리를 받는 광고를 내놓았다. 젊은 층 사이에서는 "저 이번에 내려요" 버스에서 어설프게 시도했다가 "그래서요?" 망신만 당했다는 후문이 떠돌았다.

대홍기획에서 제작한 레쓰비 광고는 기존의 상품 설명 중심 광고의 틀을 깨고, 엄청나게 오글거리지만 따뜻한 연인들의 감성과 고급스러운 이미지를 담아냈다. 대중들은 이에 크게 공감했고 공감의 파도는 지금까지도 이어지고 있다. 1970년대부터 1990년대 초까지 저렴한 커피는 자판기 몫이었다. 지금은 바로 사서 마시는 RTD 커피 시장이 열리면서 커피 자판기를 찾아보기 어렵다. RTD 커피 시장을 1조 4,000억 원대 규모로 확장시킨 주역이 롯데칠성음료의 '레쓰비'다. 1991년 출시돼 지금까지 매년 4억 캔 이상 팔렸다고 한다.

국민 캔커피의 대명사인 레쓰비는 최적의 배합비로 한국인의 입맛에 맞춘 달달함을 제대로 살렸다. 세계적 브랜드인 '조지아'도 국내 시장에서는 레쓰비 앞에서 맥을 못 춘다. 1991년 레쓰비 출시 당시, 캔커피 시장엔 동서식품의 '맥스웰'과 코카콜라 네슬레의 '네스카페'도 있었지만, 레쓰비는 경쟁에서 살아남기 위해 제품 차별화에 주력하였다. 드립식 공법으로 원두커피를 추출하고, 다양한 소비자의 입맛을 고려해 레쓰비 3총사인 '레쓰비 마일드', '레쓰비 콜럼비아', '레쓰비 레귤러'를 내놓았다. 무엇보다 젊은 층을 공략하는 파격적인 광고 마케팅을 성공시키며 국내 시장 점유율 1위를 달성했다. 현재는 광고 없이도 약 1,500억 원의 매출을 기록하며, 30년 넘게 사랑받는 캔커피 브랜드가 되었다.

캔커피를 마실 때 반드시 레쓰비일 필요는 없다. 하지만 우리 함께(Let's be) 마시는 커피는 뭐든지 다 좋다. 사람들은 왜 커피를 마실까? 미국의 한 커피 회사와 마케팅 회사의 조사에 의하면 70%는 맛과 향이 좋아서, 20%는 피로를 풀고 기력을 찾기 위해, 10%는 만남과 대화를 위해서 마신다고 한다. 커피는 주로 맛과 각성 효과를 위해 마시지만, 만남과 대화의 중요한 매개체 혹은 배경처럼 기능한다.

처음 만나는 누군가와의 어색한 자리에 커피가 있어서 참 다행이다. 길고 지루한 회의 시간을 버틸 수 있는 건 커피 덕분이다. 불편한 사람이 같이 밥 먹자고 하면 그 말을 듣는 순간부터 체하는 기분이다. 그나마 커피 한잔하자는 말이 훨씬 안심된다. 그리고 그 커피가 캔커피라서 가볍고 부담 없고 편안하다. 캔커피 하나에는 너무 큰 의미를 두지 않아도 되니까.

평소에 관계가 불편한 누군가가 있다면 이 계절이 가기 전에 "커피 한잔" 제안해 보길 바란다. "어떤 커피 좋아하세요?" 소소하게 커피에 대한 취향부터 대화를 시작하면 좋다. 자신에 대해 궁금해하고 질문해 주는 사람을 싫어하는 사람은 없다. 취향이 일치한다면 그다음의 대화는 걱정하지 않아도 일사천리일 것이고, 일치하지 않는다 해도 서로의 취향을 확인하며 차이를 좁혀갈 수 있다. 커피 한 잔은 낯선 상대를 친구로 바꿀 수 있다. 혹시 큰마음 먹고 마련한 자리에서 오히려 불편함이 더 커졌다면 그냥 우아하게 후퇴하면 된다. 세상에서 가장 어려운 일이 사람의 마음을 얻는 일이다. 용기를 낸 당신과 시간을 내준 상대방 모두 최선을 다했다.

커피 대화로 이어진 우애는 개인 관계를 넘어 사회적 관계로 확장될 수 있다. 프란치스코 교황의 사회 회칙 '모든 형제들(Fratelli Tutti)'은 인간이 결코 홀로 살아갈 수 없는 사회적 존재임을 강조하며, 형제애를 바탕으로 세계적 연대를 이루고 공동선을 실현하는 방향과 권고를 담고 있다. 교황은 이렇게 말한다. "하나의 인류로서, 같은 운명을 타고난 여행자로서, 우리가 살고 있는 이 땅의 자녀들로서, 모두 형제로서 각자 자기 신앙과 신념의 풍성함으로, 자기 자신의 목소리로 꿈을 꾸자(8항)." 교황은 지구촌 문제를 해결하기 위해 필요한 것은 건설적 대화와 사랑이며, 배제 없는 사회적 우정과 우애라고 강조한다.* 최근에는 교황과 종교 지도자뿐 아니라 저명한 학자들 사이에서도 '사랑'이라는 단어가 자주 언급되고 있다. 불평등하고 분열된 사회를 바로잡으려면 사랑의 가치가 회복되어야 한다는 것이다. 이웃에 대한 사랑과 우애가 현대 사회의 문화로 자리 잡지 않으면, 지금의 위기를 극복하기 어렵다는 절박함이 담겨 있다.

우애의 문화는 자신을 포기하지 않으면서 다른 사람들에게 마음을 여는 사회적 대화를 통해 가능하다. 진정한 대화는 우리가 상대방의 관점과 정당한 이익, 무엇보다도 인간 존엄성이라는 진리를 존중하게 한다. 교황이 꿈꾸는 "모든 얼굴과 모든 손과 모든 목소리를 아우르는 인류 가족", 나와 네가 보편적 형제가 되는 그런 세상을 꿈꿔본다. 그 중심에는 소통과 대화, 그리고 사람과 사람을 이어주는 따뜻한 커피 한잔이 있다.

---

* "교황 새 회칙, '누가 형제인가' 아니라 '모든 인간이 형제'," 가톨릭프레스, 2020-10-08 19:00:21 수정, 2025.01.06. 접속, https://catholicpress.kr/news/view.php?idx=6751.

데일리 커피 익스프레스

외즐렘 제키지의 '커피대화' 팁 4가지[**]

1. 처음에 거절당해도 포기하지 마라

    때로는 1년 넘게 시간이 걸리기도 한다.

2. 시간과 기회를 준 상대의 용기를 인정하라

    상대 역시 당신과 대화 나누기가 부담스러

    울 수 있다.

3. 대화하며 '상대가 이렇다, 저렇다' 판단하지

    마라

    자연스럽게 대화하며 나와 공통점을 찾다

    보면 마음이 열린다.

4. 긍정적인 방식으로 대화를 마무리하라

    마음과 마음을 잇는 다리는 하루아침에 완

    성되지 않는다.

** "[카드뉴스] 낯선 상대를 친구로 바꾸는 커피 대화의 힘," 데일리투머로우, 2019.09.09 14:44 수정, 2025.01.06. 접속, https://www.dailytw.kr/news/articleView.html?idxno=19425.

Coffee & Music

전람회의 '기억의 습작'

"우리 모두는 누군가의 첫사랑이었다." 2012년 개봉한 영화 <건축학개론>의 킥은 국민 첫사랑 수지가 아니라, 단연코 OST로 사용된 전람회의 '기억의 습작'이라고 할 수 있다. 이 곡은 1993년 대학가요제에서 대상을 받은 전람회가 1994년 1집 앨범 Exhibition에 수록된 노래로, 신인답지 않은 높은 완성도를 자랑한다. 중저음의 따뜻한 보컬로 '인간 첼로'라 불리는 김동률의 목소리와 피아노 연주, 그리고 서동욱의 베이스가 조화를 이루며 엄청난 사랑을 받았다. 영화의 성공으로 2012년 이 곡이 다시 주목받았고, 많은 이들이 '기억의 습작'을 다시 꺼내 들으며 추억에 잠겼다. 서툴고 찌질했던 첫사랑이지만 아름답고 소중했던 그 시절을 떠올리며 분위기에 취하고 싶다면? 당신의 손에 들린 커피는 반드시 캔커피여야 한다.

지구 반대편
동료 시민에게
보내는 작은 연대

공정무역 커피

공정무역 커피는 생산자에게 공정한 가격을 지불하고, 노동 조건을 개선하며, 환경 보호를 중시하는 방식을 통해 생산, 유통되는 커피다. 주로 개발 도상국의 소규모 농부와 노동자에게 더 나은 경제적, 사회적, 환경적 혜택을 제공하는 것을 목표로 한다. 국내에서 공정무역 인증 마크를 획득한 상품은 온라인 몰 '공정무역 가게'를 통해 만날 수 있다. 공정무역 가게는 재단법인 한국공정무역재단이 운영하며, 국제공정무역기구가 인증한 제품만을 취급하는 공정무역 전문 쇼핑몰이다. 커피, 차, 초콜릿, 과일청 등 다양한 공정무역 인증 제품들을 직접 구매할 수 있다. '아름다운커피'에서도 페루, 르완다, 인도네시아, 멕시코 등에서 생산한 다양한 공정무역 커피를 만나볼 수 있다.

어느 날 스타벅스에서 아메리카노를 마시며 커피 잡지를 읽던 중, 에티오피아 커피 농민들이 5,000원짜리 커피 한 잔으로 얻는 수익이 평균 25원에 불과하다는 글을 보았다. 이 사실을 알고 나니 마시던 커피는 농민들의 검은 눈물이요, 스타벅스에 앉아 있는 것은 가시방석이 되었다. 불편한 진실을 접하고 나니 여러 가지 생각이 머릿속을 맴돌았다. 다국적기업의 배만 불리는 커피를 마시지 말아야 할까? 아니지, 커피를 마시지 않으면 생산자들은 생계 수단 자체가 사라져 더 가난해질 테니 많이 마셔야 할까?

다행히 이런 무거움을 해결해 주는 커피를 찾았다. 생산자에게 정당한 값을 치르고 공평한 관계를 중시하는 커피, 바로 공정무역 커피다. 나만의 고민은 아니었나 보다. 할리우드 배우 휴 잭맨 역시 월드비전 대사로 에티오피아를 방문했다가 공정무역의 중요성을 깨닫고, 공정무역 커피만을 판매하는 카페 브랜드 '래핑 맨 커피 & 티'를 런칭한 바 있다.

최근 20·30세대도 커피 등 식음료 구매 시 공정무역, 환경, 동물 복지, 기부 등 가치를 중시한다. 구매 제품이 어디에서 어떻게 왔는지 따져보는 윤리적 인식이 높아지고 있다. 윤리적 소비, 가치 소비 트렌드가 확산되어 다국적 기업들도 공정무역 인증 커피를 적극적으로 구매하고 유통하고 있다. 스타벅스는 2020년 기준 전체 커피의 약 8.1%를 공정무역 인증 커피로 구매했으며, 99%의 커피를 C.A.F.E. Practices, 공정무역, 유기농 인증 등 윤리적 소싱 프로그램을 통해 확보하고 있다. 스타벅스가 공정무역을 비롯해 사회적 책임에 애쓰는 데는 가치 소비를 실천하는 20·30세대 소비자들의 지분이 크다.

사회가 불평등하고 불공정할수록 '공정'이라는 키워드가 주목을 받는다. 20·30세대는 이러한 현실을 애써 부인하지 않고 그대로 인정한다. 대신 과정에서의 절차적 공정성에 대해 매우 민감하게 반응한다. 자신의 기회와 이익을 직접적으로 침해할 수 있는 고위층 자녀의 입시 비리나 취업 비리에 분노하고, 평소에는 무관심해 보여도 삶과 직결된 정부 정책에는 연대하여 목소리를 높인다. 또한, 선한 영향력을 발휘하는 가게에는 몰려가 '돈쭐'을 내주기도 한다. 역사상 가장 실리적이고 합리적이며, 동시에 의식 있는 멋진 세대가 등장했다.

커피의 지속 가능성을 위협하는 것은 기후 위기로 인한 생산량의 감소와 가격 하락에도 원인이 있지만 기존 커피 산업의 불공정한 수익 구조에 있다. 시장조사기관 유로모니터에 따르면 2023년 기준 글로벌 커피 시장 규모는 약 1,132억 달러(약 147조 원)로 추정되며, 국내 커피 시장 규모도 약 3조 1,717억 원에 달한다.* 한 해 동안 한국인들이 마시는 커피는 성인 1인당 405잔으로 미국인 318잔보다 많으며, 전 세계 평균치인 152잔과 비교해 두 배 이상 높다.** 전 세계적으로 커피 소비량은 이렇게 늘어나는데 커피 농가의 수익은 처참한 수준이다.

대부분 가족 단위의 소규모 커피 농가는 고단한 생산과정을 거침에도 일반 커피 한 잔의 경우 농민 수익이 1%에도 못 미친다. 반면 가공·유통·판매업자의 마진율은 93.8%로

---

* "[초점] '대한커피민국' 1인당 연간 405잔 마신다...세계 평균 2.5배," 뉴시안, 2023.12.21 10:35 수정, 2025.01.06. 접속, https://www.newsian.co.kr/news/articleView.html?idxno=66185.

** "한국인, 1년에 커피 405잔 마신다..커피 시장은 지금도 성장 중," 데일리팝, 2024.01.02 14:22 수정, 2025.01.06. 접속, https://www.dailypop.kr/news/articleView.html?idxno=74204.

커피 수익의 대부분을 차지한다.[***] 다국적 기업이 헐값에 커피를 사들여 커피 농가에 제대로 가격을 지불하지 않기 때문이다. 커피 시장을 독점한 네슬레, 스타벅스, JDE 피츠는 가공품을 통해 높은 부가가치를 누리고 있다. 반면, 에티오피아 커피 재배 농가의 1년 수입은 60달러에 불과하다. 1년간 쉴 틈 없이 노동을 착취당해도 4천 원짜리 커피 16잔밖에 사 먹지 못하는 수준이다.[****]

공정무역 커피는 이러한 문제점을 인식하여 생산자와 공평한 관계를 맺고 정당한 대가를 지불한다. 중간 상인이나 다국적 기업을 거치지 않고 현지에서 직거래로 제값에 구입해 유통한다. 비영리 공익재단 아름다운커피에 따르면, 공정무역 과정을 거친 커피의 경우 농민 수익이 6%로 대폭 상승

[***]   "[생글기자 코너] 커피 한잔 값 농가 수익 0.5%⋯커피 유통 바꿔야," 생글생글, 2023.10.16 10:00 수정, 2025.01.06. 접속, https://sgsg.hankyung.com/article/2023101361991.

[****]   "[Special Report Ⅲ] 커피의 불편한 진실," 이슈메이커, 2015.10.19 02:51 수정, 2025.01.06. 접속, https://www.issuemaker.kr/news/articleView.html?idxno=2953.

한다.[*****] 중간 상인을 거치는 과정과 가공·유통 과정에서 발생하는 수익을 농민과 제3세계의 투자에 분배하는 구조 덕분이다. 또한, 공정무역은 소규모 농민들에게 상품에 대한 안정적인 '최저가격'을 보장해 주고, 급격한 시장 변동으로부터 이들을 보호하는 데 주목적이 있다. 단순히 직거래로 수입한 커피를 말하는 것만은 아니다.

현재 공정무역은 연대한 농민들끼리 민주적으로 체결한 협력 단체에 의해 생산된 농산물을 그 대상으로 한다. 2020년 기준 1,664개의 공정무역 생산자 조합이 있고 전 세계 75개국 160만 명의 생산자와 노동자가 가입되어 있다.[******] 농민들은 협동조합을 구성해 힘을 모으고 자원을 공유하며 커피 판매를 통한 추가 수익을 분배한다. 공정무역 커피는 민주적으로 조직된 농민조합이나 장인 조합에서 생산된 상품

***** "[평화원정대] 커피 쓴맛보다 진한 다국적 기업의 '농민 착취'," 한겨레, 2019-10-19 11:23 수정, 2025.01.06. 접속, https://www.hani.co.kr/arti/international/arabafrica/847379.html.

****** "[신혜경의 커피톡] ⑪ 공정무역커피는 단순히 직거래로 수입한 커피를 말하는 것만은 아니다," IT조선, 2020.12.04 06:00 수정, 2025.01.06. 접속, https://it.chosun.com/news/articleView.html?idxno=2020120302859.

이라고 봐도 무방하다. 공정무역 커피 판매가 증가할수록 농민들은 공정한 대가를 받게 되어 경제적 자립을 이루고 환경을 보호하며 지역 사회의 발전을 촉진하게 된다.

영화 <아웃 오브 아프리카>는 원작 소설의 작가 카렌 블릭센이 실제 케냐 응공언덕에서 억척스럽게 커피 농장을 운영하며 살았던 경험을 그린 회고록이다. 이 영화의 명장면은 광활하고 아름다운 아프리카의 대자연이 펼쳐지면서 여자의 머리를 감겨주는 남자와 여자의 행복한 모습이다. 여기에 잔잔히 흐르는 모차르트 클라리넷 협주곡 A장조 아다지오가 황홀감을 더한다. 그러나 영화에서 카렌의 사랑은 이루어지지 못하고, 결국 아프리카를 떠나 다시 고국으로 돌아간다. 아프리카를 떠난 이유는 대공황의 여파로 커피값이 폭락하고 남미 브라질 등에서 커피 재배가 이뤄져 아프리카 커피가 경쟁력을 잃어 가는 데다 화재까지 일어나 커피 농장이 파산했기 때문이었다.

실제 아프리카는 수 세기 동안 유럽 열강들의 끊임없는 수탈과 착취가 반복되어 온 곳이다. 영국은 1920년부터 아프리카 동부에서 독일을 내쫓고 케냐를 식민지화하였다. 원주민 키쿠유족을 추방하면서 이들의 저항 운동이 거세게 벌어졌다. 카렌은 농장에서 일하는 키쿠유족을 존중하고 그들의 주거와 의료, 교육을 개선하기 위해 노력했지만 말이다. 카렌이 귀국한 이후 1952~54년 키쿠유족이 중심이 된 마우마우 봉기(Mau Mau Uprising)가 일어났다. 수만 명의 인명 피해가 나고서야 영국은 통치를 중단하고, 1963년 12월 케냐는 영국으로부터 독립했다.

톨스토이는 행복을 위해 행하는 모든 활동이 다른 존재의 불행과 착취를 전제한다고 말했다. 우리 자신도 착취되거나 배제될 가능성이 있다는 점에서 삶의 고통과 모순이 발생한다. 누군가는 커피 한 잔 마시며 이렇게까지 진지해져야 하는지, 커피 생산자의 억울함까지 알아야 하는지 반문할 수도 있다. 하지만 동시대인으로서 함께 해결해야 할 문제가 있다는 사실은 분명하다. 말했듯이 우리는 행복을 추구함으로써 필연적으로 타인을 침해하고, 침해당하는 존재들이기 때문이다. 가능한 많은 구성원들이 풍요를 누릴 실천적 방식을 모색하는 일이 인류의 지속 가능한 생존을 보장할 것이다.

동시대를 살아가는 지구 반대편 동료 시민에게 보내는 작은 연대가 소비자에게는 합리적 가격과 안전한 먹거리로 돌아오고, 내가 마시는 커피의 질이 올라가는 만큼 생산자의 삶도 윤택해진다. 안팎으로 곪힌 사회에서 서로에게 보내는 다정함이야말로 불평등하고 분열된 세상을 바로잡을 수 있는 유일한 방법이다. "나중에 내가 어디에 있더라도 웅공에 비가 내리는지 궁금해할 거야"라는 카렌의 마음이 오늘 우리에게도 필요하다. 공정무역 커피를 마신다고 커피 농가의 삶이 근본적으로 개선되지는 않겠지만, 내가 마시는 커피 한 잔으로 세상이 조금은 더 나아질 거라는 낭만적 기대를 해 본다.

데일리 커피 익스프레스

공정무역 커피는 공정할까?

공정무역 커피는 친환경 농업 기법을 사용해 지구환경도 지키고 아동노동을 금지하고 지역 사회 발전을 지원하는 착한 무역이다. 그런데 공정무역이 커피 생산자들의 삶을 개선하는 데 기여하지 못한다는 회의론적 주장도 있다.

첫 번째 이유. 에티오피아, 케냐, 탄자니아와 같은 나라가 아니라 멕시코, 브라질, 콜롬비아와 같은 상대적으로 잘 사는 나라에서 생산된 커피들이 공정무역 커피의 대부분을 차지하기 때문이다. 수익 또한 일부 생산자에게 집중되어 다수의 생산자는 여전히 가난하다.

두 번째 이유. 거래 과정의 투명성이 결여되어 있다. 공정무역 커피가 일반 커피보다 더 비싼데 실질적으로 커피콩 재배자가 받는 최대 액수가 판매 가격의 1/3 수준에 불과하다. 소비자는 비싼 가격을 지불하는데 이익이 여전히 생산자에게 제대로 가지 않는다.

세 번째 이유. 공정거래가 오히려 농부에게 비용을 부과한다. 공정무역 커피로 인정받기 위한 인증 절차에 수수료, 초기 인증 비용, 회비, 연간 감사 비용 등이 포함된다. 비용을 감당하지 못해 인증을 받지 못하는 작고 가난한 농장이 많다. 공정무역의 높은 사회적, 환경적 기준 또한 농가가 감당하기 어렵다.

Coffee & Music

신해철의 'Lazenca, Save US'

2016년 1월 31일 <미스터리 음악 쇼 복면가왕>에 새로운 가왕(국가스텐 하현우)이 탄생했다. 그가 들고나온 곡은 기존 선곡과는 완전히 다른 애니메이션 OST였고, 전주와 첫 소절만으로도 가왕의 등극을 예감케 하는 소름 끼치는 무대를 펼쳤다. 가사 자체의 비장함과 웅장함, 전율을 느끼게 하는 멜로디에 하현우의 가창력이 더해져 엄청난 폭발력을 보여주었다. 이 곡은 영원한 마왕 신해철이 작사, 작곡한 애니메이션 '영혼기병 라젠카'의 OST다. 최고음이 3옥타브 파#(F#5)으로 음역이 높아 악명 높은 곡으로 알려져 있다. 하현우의 가창력에 기반한 커버 곡도 좋지만, 신해철 특유의 신비로움과 카리스마가 성악 코러스와 함께 어우러져 곡 특유의 웅장함이 돋보이는 원곡 버전도 좋다. 공정무역 커피를 마시며 이 곡의 가사를 음미해 보면 좋겠다.

서로를 품는
공존의 지혜

루왁 커피

코피 루왁(인도네시아어: Kopi Luwak)은 아시아 사향
고양이가 먹은 커피 열매가 소화 과정을 거친 후 배설된 커
피콩으로 만드는 커피다. Kopi는 인도네시아어로 커피를,
Luwak은 현지어로 아시아 사향고양이를 의미한다. 아시아
사향고양이의 소화 기관을 거치는 동안 커피 열매의 외피와
과육이 제거되고, 남은 커피콩은 소화 효소에 의해 단백질이
분해된다. 이 과정은 커피의 독특한 향미를 형성하는 데 중
요한 역할을 한다. 소화 기관을 통과한 커피콩은 배설 후 세
척 과정을 거치고, 향미를 보존하기 위해 가볍게 볶아진다.
코피 루왁은 발효된 커피 특유의 복합적인 향을 지니며, 캐
러멜, 초콜릿, 풀 냄새와 같은 독특한 풍미가 특징이다. 쓴맛은

덜하고 신맛이 적절히 조화를 이루어 독특한 맛을 제공한다.

- 가격 : 1파운드(454g)당 $120에서 $600
- 전통적 방식 : 커피 가루에 뜨거운 물을 부은 후 저어준다.
  가루가 바닥에 가라앉으면 위에 뜬 커피를 마신다.
- 핸드 드립 방식 : 커피를 얇게 분쇄한 뒤, 약 90℃의 물로 추출한다.
  필터에 커피 가루를 넣고 핸드 드립 방식으로 천천히 우려내어 마신다.

　　오래전 커피 부심이 대단했던 한 친구가 '천상의 커피'가 있다며 교외로 커피 마시러 가자고 연락해 왔다. 굳이 커피 한 잔 마시자고 2시간이나 운전해서 그 먼 곳까지 가야 하나 싶었지만, 들떠 있던 친구를 실망시키고 싶지 않아 약속을 잡았다. 친구가 주문한 커피는 이름부터 생소하고 어려웠고, 맛은 음… 일반 아메리카노와 크게 다르진 않았지만 약간의 초콜릿 향과 풀냄새, 그리고 신맛이 느껴졌다.

　　커피는 달달함이 최고의 미덕이던 나에게, 한 모금 한 모금 마시며 감탄을 쏟아내는 친구는 유난스럽기만 했다. 비싼 커피라며 국물 한 방울까지 싹싹 긁어 마시라는 친구의 당부에 따라 커피잔을 들어 마지막 방울까지 털어 마셨다. 다 마시고 나니 친구가 그제야 이 커피가 바로 '고양이 똥 커피'라는 것을 알려 주는 게 아닌가. 갑자기 속이 메스꺼워지고 입안에서 똥 냄새가 나는 것만 같았다. 내가 뭘 잘못했길래 친구가 나에게 똥물을 먹이나 싶어 별의별 생각이 다 들었고, 친구와의 절연을 진지하게 고민했다.

루왁 커피에 대한 첫인상이 썩 좋지 않기도 했고, 동네 카페나 번화가 카페에서 루왁 커피를 좀처럼 만나볼 수 없었기에 루왁 커피에 대한 기억은 자연스럽게 잊혔다. 그로부터 몇 년 뒤인 2007년, 잭 니콜슨(에드워드 역)과 모건 프리먼(카터 역)이 나왔던 영화 <버킷리스트>를 그 친구와 함께 보게 되었다. 시한부 판정을 받은 두 주인공이 죽기 전에 꼭 하고 싶은 일들을 실행하는 내용으로, 삶의 소중함을 다시 한번 상기시키는 영화였다. 영화에서 주인공 에드워드는 재벌 사업가이자 일 중독자로 성격도 제멋대로다. 최고급 고가 커피인 루왁 커피를 즐기는 것 외에는 자신이 원하는 것이 무엇인지 생각할 여유도 없다. 사실 에드워드는 자신이 매일 사이폰 방식으로 내려 마시는 루왁 커피가 사향고양이 똥에서 나온 것이라는 사실조차 몰랐다.

영화를 보고 나오며 친구에게 "루왁 커피 한번 마셔보고 싶다"라고 말하자, 친구가 오래전에 자기랑 마셨던 커피가 루왁 커피였다고 깔깔 웃는다. "아, 그랬나?" 생각하면서도 그 커피가 그렇게 비싸고 고급진 커피였다는 사실에 놀랐다. 그때 제대로 마셔볼걸 그랬나 싶었다. 아는 만큼 보이고, 보이는 만큼 마실 수 있다. 이제야 그 커피의 가치를 알게 된 것이다.

세상에서 가장 비싼 커피라 불리는 루왁 커피는 사향고양이의 배설물에서 얻은 원두로 만든 것이다. 한 잔에 5만 원을 훌쩍 뛰어넘지만, 희소성과 특유의 향미로 커피 애호가들 사이에서 찬사를 받는 커피다. 고양이 똥에서 추출한 커피라는 점 때문에 처음에는 부정적인 인식도 있었지만, 점차 인지도가 높아지면서 사람들의 관심이 커져가고 있다. '커피계의 황태자', '세계에서 가장 비싸고 희귀한 커피' 등의 화려한 수식어와는 달리, 루왁 커피는 인도네시아의 아픈 식민지 역사 속에서 탄생했다.

루왁 커피는 네덜란드의 식민 지배를 받았던 인도네시아 빈농들이 네덜란드인의 눈치를 피하며 몰래 마시던 커피였다. 네덜란드는 인도네시아를 지배할 당시 커피와 후추 등 유럽에서 비싸게 팔 작물을 강제적으로 재배하면서 농민들이 이를 훔쳐 갈 것을 염려한 나머지 농민들이 커피를 수확할 수 없도록 했다. 그러나 일부 빈농들이 사향고양이가 커피나무에서 커피 열매를 먹는 모습을 보고, 그 사향고양이가 배설한 커피 원두로 커피를 만들어 마신 것이 루왁 커피의 기원이다.

우리나라도 인도네시아처럼 일제 강점기 식민 통치를 겪었고, 동족상잔의 비극인 6·25전쟁까지 겪어냈다. 참전과 피난 속에서 사람들의 배고픔을 달래준 대표적 음식인 '주먹밥'은 이제 일상의 별미가 되었다. '수제비'는 6·25전쟁 전에는 잔칫날에만 겨우 맛볼 수 있던 귀한 음식이었으나, 전쟁 이후 미국이 밀가루를 구호 물자로 무상 원조하면서 소박한 서민 음식이 되었다. '부대찌개' 역시 먹을거리가 부족해진 사람들이 미군이 먹는 햄이나 소시지, 고기 등을 가져다 김치와 끓여 먹은 데서 유래하였다.

야식의 대표 주자인 '족발'과 '돼지국밥' 역시 전쟁의 산물이다. 6·25전쟁 당시 북한에서 내려온 피난민들이 서울로 대거 유입되었고, 추운 겨울이면 말린 돼지고기를 즐겨 먹던 그들이 자연스레 생계유지를 위해 족발을 만들어 팔게 되었다. 돼지국밥은 부산의 대표적인 향토 음식인데, 피난민들이 미군 부대에서 나오는 돼지 뼈를 이용해 탕국을 만들어 먹은 데서 유래했다. 전쟁으로 인해 헐벗고 굶주리며 힘겹게 살아가던 시절, 피난민에게는 타향의 설움을 달래주고 서민들에게는 고달픈 삶의 애환을 풀어주는 힐링 푸드였다. 우리가 먹고 마시는 것에는 풍토성, 민족혼, 역사성이 담겨 있음을 알 수 있다.

　루왁 커피는 높은 관심만큼이나 논란의 중심에 있다. 비싼 가격만큼 커피가 일반 커피와 확연히 차이가 나는지 전문가들 사이에서 다양한 의견이 오가고 있다. 일부 전문가들은 루왁 커피가 적당히 잘 재배돼 볶아 내린 커피와 별 차이가 나지 않는다고 말한다. 아라비카 품종의 커피는 로스팅을 강하게 하면 쓴맛이 나고 약하게 하면 신맛이 난다. 이는 루왁 커피도 마찬가지이다. 특히 루왁은 제조 공정 특성상 원료가 되는 커피 체리의 정확한 품종을 파악하기 어렵고, 사향고양이에게 뭘 먹이든 일단 루왁이라는 이름을 붙이니 저품질의 커피 체리로 생산했을 가능성도 있다고 전문가들은 지적한다. 하지만 루왁 커피만의 독특한 향과 풍미를 부인할 수는 없다.

루왁 커피에 대한 문제는 예상치 않게 동물 학대로 이어진다. 생산량이 적어 희귀하고 비싼 이 특별한 커피를 위해 일부 몰지각한 상인들은 야생에서 포획한 사향고양이를 좁은 우리에 가두어 사육하면서 커피 열매만 먹이며 학대하기 시작한다. 고양이들은 극심한 스트레스로 인해 자기 꼬리를 물어뜯고 급기야 서로 물어뜯어 한 마리씩 죽어간다. 국제 동물권 단체 페타 아시아(PETA Asia)는 2020년 인도네시아 발리의 사향고양이 사육 실태를 고발하는 영상을 공개한 바 있다. 이들은 사향고양이가 코로나19와 같은 인수공통전염병의 중간 숙주가 될 수 있다고 지적하며 다음 팬데믹은 루왁 커피에서 올 수 있다고 주장했다. 건강하지 못한 동물에게서 나온 커피 씨앗이 인류에게 큰 재앙이 될지 모른다.

루왁 커피, 질 좋은 커피를 찾는 취향 정도로 생각하기에는 사안이 가볍지 않다. 다른 생명체를 해하면서까지 인간의 취향이 우선시되어야 할까. 인간과 자연은 서로 영향을 주고받는 존재이기에 지구라는 울타리에서 공존할 수 있는 방법을 모색해야 한다. 지구는 인간의 것도 아니고 그 누구의 것도 아니다. 진정한 휴머니티는 지구별의 모든 생명체가 서로 존중하고 우애하며 조화를 이루는 것이다. '겐샤

이(Genshai)'는 누군가를 대할 때 그가 자신을 작고 하찮은 존재로 느끼도록 대해서는 안 된다는 고대 힌두어이다. 이에 동물이 포함되는지에 대한 논쟁은 있지만, 동물이 고통을 느끼는 존재임을 인정하고 고통이나 학대를 최소화하려는 윤리적 책임이 필요하다. 독립적 생명체로서 그들을 존중하는 것은 결국 우리가 살아가는 생태계를 위한 일이기도 하다. 인수공통감염병, 동물 멸종이나 서식지 파괴는 생물 다양성을 줄이고 생태계 붕괴로 이어져 인간의 존립을 위협할 수 있다.

20세기를 대표하는 사상가이자 정신 의학자인 빅터 프랭클은 나치 강제 수용소에서 겪은 참혹한 고통을 술회한 그의 자전적 에세이 「죽음의 수용소에서」를 통해 인간에게서 모든 것을 빼앗아 가도 단 한 가지는 빼앗을 수 없는데, 그건 어떤 상황에서든 자신의 태도를 선택할 자유, 자신의 방식을 선택할 자유라고 말한다. 자유는 인간 존엄성과 행복을 이루는 핵심 요소이다. 그러나 개인의 자유는 공동체의 질서와 충돌하게 되고, 개인들은 개인의 자유와 공동체의 이익 사이에서 균형을 맞춰야 한다. 루왁 커피를 마시는 선택도, 마시지 않는 선택도 개인의 자유다. 진정한 자유란 스스로 선택한 행동이 타인과 자연, 그리고 공동체에 어떤 영향을 미치는지 자각하고 책임지는 것에서 완성된다. 나의 자유가 타자의 권리와 연결되고, 나의 선택이 더 나은 미래를 만들 수 있다면, 그것이야말로 진정한 자유의 모습이 아닐까. 루왁 커피 한 잔을 넘어 우리의 선택이 만들어갈 세상을 고민해야 한다.

데일리 커피 익스프레스

블랙 아이보리 커피(코끼리 똥 커피)

세상에서 가장 비싼 커피는 루왁 커피가 아니었다? 더 비싼 커피가 있다. 바로 블랙 아이보리 커피다. 일반적으로 약 1kg당 1,000달러 이상으로 세계에서 가장 비싼 커피로 꼽힌다. 블랙 아이보리 커피는 코끼리 똥에서 나온다. 쓴맛이 거의 없고, 부드러운 바디감과 과일, 꽃, 초콜릿의 깊은 풍미가 조화를 이루는 것이 특징이다. 사향고양이에서 나오는 루왁 커피와 과정은 비슷하지만 확연히 다르다. 바로 동물 학대 문제가 없다는 점이다.

코끼리 똥 커피는 태국 북부의 치앙 센에 위치한 골든 트라이앵글 재단(The Golden Triangle Foundation)에서 운영된다. 이곳에서는 코끼리의 건강까지 관리하면서 커피를 생산한다. 코끼리에게 커피 체리를 강제로 먹이는 것이 아니라 자연으로부터 자연스럽게 섭취하고, 소화 기관을 거쳐 배설한 커피는 관리자에 의해 수작업으로 분류된 후 건조된다. 먹이 전부를 커피 체리만으로 먹지 않고, 푸른 풀과 커피 체리를 같이 먹는다. 생산량보다는 동물의 건강과 환경을 더 생각한다. 매출액의 약 8%는 코끼리를 위해 재투자되는데 아시안 코끼리 재단(Asian Elephant Foundation)을 통해 치료, 설비투자, 약품 구입 등의 목적으로 사용된다. 독특한 생산 방식과 윤리적 운영 덕분에 단순한 음료를 넘어 특별한 경험과 가치를 제공하는 커피로 평가받는다.

Coffee & Music

미야자키 하야오 감독의 영화 <모노노케 히메> OST

모노노케 히메(1997)는 스튜디오 지브리가 제작하고 미야자키 하야오가 감독한 애니메이션이다. 단순한 애니메이션이나 영화를 넘어선 위대한 걸작으로 평가된다. 히사이시 조가 담당한 음악도

찬사를 받았는데 고대 일본의 분위기, 자연의 신비함과 장엄함, 동시에 잔혹함과 격렬함을 한껏 느낄 수 있는 신비로운 감성과 박력 넘치는 사운드가 특징이다. 자연과 인간의 관계를 탐구한 작품으로 동화적 구성을 가진 이전 작품과 달리 굉장히 장엄하고 냉혹하고 또 날카롭게 만들어진 작품이다. 루왁 커피를 마시게 된다면 이왕 마시는 거 제대로 즐겨 보고, 진한 여운이 끝나갈 즈음에는 인간과 자연의 공존에 대해 떠올려 보면 좋겠다.

지속 가능한
지구에서
지속 가능한 커피를

대체 커피

대체 커피는 버려진 씨앗이나 과일 껍질을 분자 단위로 분해해 성질을 변화시키거나, 미생물을 합성하여 커피 맛을 내는 분자를 추출한 원두 없는 커피다. 수박씨, 대추씨, 치커리 뿌리, 포도 껍질 등을 사용하여 식품 과학 기술을 적용해 만든다.

• 아토모 커피(Atomo Coffee) : 대추씨, 치커리 뿌리, 포도 껍질, 해바라기씨 겉껍질, 수박씨 등을 주재료로 한 대체 커피다. 커피 원두를 전혀 사용하지 않고 커피 원료의 분자 단위까지 분석한 화학 공정을 통해 커피의 맛과 향을 그대로 재현한 '분자 커피'다.

• 티치노(Teeccino) : 치커리, 캐럽(Carob. 초콜릿 맛이 나는 암갈색 열

매가 달리는 유럽산 나무), 민들레, 라몬씨(Ramon Seed. 뽕나뭇과 식물

의 씨앗) 등의 허브를 주재료로 한 커피 맛 음료이다.

• 페로(Pero) : 100% 카페인 미포함 음료로 보리, 맥아 보리, 치커리, 호

밀 등을 주재료로 한 대체 커피다.

• 컴파운드 푸즈(Compound Foods) : 식품 과학과 발효 기술을 통해 재

배한 미생물을 사용해 알맞은 향과 산미를 추가해 생산하는 대체 커피다.

실험실에서 만들어진 커피로 카페인양을 자유롭게 조절할 수 있다.

　1976년 5월 24일은 콧대 높은 프랑스인들의 자존심이 크
게 상처 입은 날이다. 그날 무슨 일이 있었던 걸까? 1976년
파리의 인터콘티넨탈 호텔에서 와인 업계에서 명성이 높은
분들로 구성된 평론가 11인이 미국 와인과 프랑스 와인의 블
라인드 테스트를 진행했다. 이건 리오넬 메시가 동네 조기
축구회 회장님과 경기하는 꼴인데, 누구도 프랑스 와인의 승
리를 믿어 의심치 않았다.
　공정하게 하기 위해 평론가 11인 중 9인이 프랑스인으
로 선발되었으며 나머지 두 명은 이 테스트를 개최한 스티
븐 스퍼리어와 그가 프랑스에 설립한 와인 학교인 아카데미

뒤 뱅(Académie du Vin)의 원장인 미국인 패트리샤 갤러거(Patricia Gallagher)였다. 심사위원 중 프랑스인이 대다수였지만 블라인드 테스트였기 때문에 편파 판정의 여지는 없었다. 그 결과는 모두를 깜짝 놀라게 했다.

미국 와인 '샤또 몬텔레나'가 1등을 하였고, 미국 와인이 10위 안에 6개나 포함되어 있었다. 뒤이어 발표된 레드 와인 시음 결과 역시 마찬가지였다. 미국 와인인 '스텍스 립 와인 셀러 S.L.V. 카베르네 소비뇽'이 1위를 차지하였고, 10위 안에 6개가 미국 와인이었다. 미국 와인이 프랑스 와인을 완전히 꺾어 버린 것이다. 평가 결과에 모두 경악을 금치 못했다.

미국 타임스 잡지의 프랑스 특파원인 조지 M. 테이버가 이 블라인드 테스트의 결과를 '파리의 심판(Judgment of Paris)'이라는 헤드라인을 내걸고 기사화하면서 널리 알려지게 되었다. 프랑스는 자국의 와인에 대한 강한 자부심을 가지고 있어 이 사건은 엄청난 충격으로 다가왔고, 시음회에 참가한 평론가들은 본의 아니게 매국노 취급까지 받게 되었다. '미국 독립 200주년' 행사를 맞이해서 웃자고 벌인 일이 거대한 사건이 된 것이다.

와인에 있어 '파리의 심판'이 있다면 커피에 있어도 유사한 사건이 있다. 신생 기업이 기존 커피 시장의 장벽을 넘기 위해 커피계의 대부 스타벅스를 대상으로 도전장을 내밀었다. 워싱턴대학교 학생들을 대상으로 두 개 커피에 대한 블라인드 테스트를 했다. 테스트 결과 70%라는 압승을 거둔 커피는 스타벅스가 아니었다. 이 신생 기업은 바로 '커피계의 테슬라' 아토모 커피(Atomo Coffee)였다. 아토모 커피는 세계 최대 커피 업체인 스타벅스의 본산지 시애틀에서 대체 커피를 생산하는 혁신적인 기업이다. 2019년 '세계 최초의 분자 커피'라는 이름을 내걸고 브랜드를 론칭했고, 2021년 9월 온라인을 통해 콜드브루 커피를 한시로 판매했다. 가격은 1캔에 5.99달러였고, 제품은 순식간에 완판되었다.

아토모의 콜드브루는 치커리 뿌리, 대추씨, 포도 껍질, 해바라기씨 껍질, 수박씨 등 버려지는 식물을 사용해 지속 가능한 방식으로 생산된다. 분자 커피는 식물 폐기물을 분해한 뒤, 여기서 커피 생두와 유사한 성분을 추출하여 만든 화합물을 커피콩과 같은 고체로 변환하는 방식이다. 이후 이 고체를 커피콩과 마찬가지로 볶고 분쇄해서 끓이면 분자 커피가 완성된다. 일명 대체 커피라고 불린다.

환경과 식량 문제 해결 대안으로 대체육이 주목받고 있

듯이 커피에서도 지속 가능한 소비를 위해 대체 커피가 등장했다. 대체 커피는 커피콩을 쓰지 않고 커피 고유의 맛과 향을 내는 음료이다. 대체육에 이미 실망해 본 사람들은 대체 커피가 제대로 커피 맛을 낼 수 있을지 의심한다. 하지만 블라인드 테스트 결과가 보여주듯 대체 커피는 커피의 맛을 그대로 재현하는 데 성공했다. 테스트에 참가한 학생들은 "아토모 커피가 일반 커피보다 부드럽고 신선하며 탄 맛이 덜한 것 같다"라는 의견을 냈다.

그런데 왜 멀쩡한 커피 놔두고 대체 커피를 마셔야 하는가? 대체 커피의 등장은 '현재 방식으로 커피 재배가 지속될 수 있을까'라는 의문에서 시작된다. 기후 변화로 국제 커피 원두 가격이 계속 인상되고 있다. 2022년 1월 기준 국제상업거래소(ICE)에서는 국제 원두 가격 기준인 커피C 선물 가격이 파운드당 2.33달러로 1년 전 대비 약 2배 올랐다. 가장 큰 원인은 세계 최대 커피 산지로 전 세계 물량의 40%를 생산하는 브라질에 한파와 가뭄이 잇따르며 타격을 입었기 때문이다. 이에 더해 라니냐 현상으로 우기도 예년보다 늦게 시작되며 생산량 회복 가능성이 적을 것으로 예측된다.

커피는 기후 위기의 직격탄을 맞고 있으며 딸기, 바나나,

감자, 초콜릿 등과 함께 대표적인 멸종 위기 음식 중 하나로 꼽힌다. 커피 소비는 증가하고 있는데 기후 변화로 인해 커피 생산량은 줄어들고, 가격은 올라 대체 커피에 대한 필요성이 커지고 있다. 또한 지속 가능한 먹거리에 대한 관심이 높아지면서, 대체 커피와 같은 선택이 점점 더 주목받고 있다.

아토모의 방식은 커피 재배를 위해 무리하게 삼림 벌채를 하지 않아도 되며, 아토모 커피에 사용된 물은 일반 콜드 브루 대비 94% 적고, 탄소 배출량 역시 93% 감소하는 효과를 가져온다. 아토모 외에 티치노(Teeccino)와 페로(Pero)도 대표적인 대체 커피다. 티치노는 치커리와 민들레, 라몬씨 등 허브를 주재료로 한 커피 맛 음료이다. 마야인과 고대 유럽인이 즐겼던 원시 형태의 커피를 재구성한 제품이다. 미국, 영국, 캐나다, 호주 등지에서 웰빙 커피로 큰 인기를 끌고 있다. 페로는 보리와 맥아보리, 치커리, 호밀 등을 주재료로 한 디카페인 커피다. 국내에서는 2019년 농촌진흥청이 흑누리 검정 보리를 이용해 디카페인 보리 커피를 개발하기도 했다.

기후 변화는 더 이상 북극곰이나 남극 펭귄의 문제가 아니다. 기후 변화는 먹고 마시고 숨 쉬는 우리 삶의 문제로 깊이 스며들어 있다. 스위스 취리히대학 연구팀에 따르면 기후 변화로 인한 기온 상승으로 인해 대표 커피 품종인 아라비카 재배지의 경작 여건이 오는 2050년까지 급격하게 나빠질 것으로 예상된다. 기후 변화로 인해 위기에 빠진 커피는 재배 과정에서 기후에 악영향을 끼친다. 커피 농장을 만들기 위해선 이산화탄소 흡수원인 삼림을 벌채해야 하며 다량의 물이 필요하기 때문이다. 원두를 로스팅하고 운송하는 과정의 탄소 배출도 무시할 수 없는 수준이다. 장기적으로 커피 재배 자체가 불가능해질 것이라는 전망까지 나오고 있다.

요즘 사람들은 물보다 커피를 더 많이 마신다. 커피를 끊지 않는 이상 대체 커피는 유일한 대안이다. 하지만 사람들은 실험실에서 만들어진 커피에 대한 거부감을 가지고 있다. 카페인이 부담스러운 날에는 가끔 검정 보리, 치커리 등으로 만들어진 대체 커피를 마시곤 한다. 진하고 쌉싸름한 커피 본연의 풍미를 깔끔하게 살리긴 했지만 90% 부족하다. 커피가 아닌데 커피라고 우기는 느낌이다.

융합형 생체 의학자 시어도어 C. 듀머스는 자신의 저서 ≪내일은 못 먹을지도 몰라≫에서 기후 변화가 향후 수십 년 내 인류가 직면할 가장 큰 도전이 될 것이며, 지구 온도의 소폭 상승조차 모든 생물체에 영향을 미칠 것이라고 경고했다. 언젠가 모닝커피 없이 하루를 시작해야 한다니… 상상하고 싶지 않다. 커피콩 없는 커피(Beanless Coffee) 말고 커피콩 있는 커피(Bean Coffee)를 마음껏 드링킹하고 싶다. 지금 우리가 조금만 불편을 감수하면, 미래 세대와 함께 커피를 향유할 수 있다.

미국의 철학자 헨리 데이비드 소로는 "삶은 우리가 피할 수 없는 선택을 할 때마다 우리가 누구인지를 정의한다."라고 말한다. 선택의 순간이야말로 우리의 본질과 가치가 드러나는 중요한 기회이다. 정말 커피를 마실 수 없는 그런 날이 온다면, 그건 지금의 우리가 선택한 결과일 것이다. 인류의 진화 과정에서 인간은 서로 돕고 사는 공동체 시스템을 선택했고, 협력을 통해 공동체를 유지하고 발전시켜 왔다. 인간의 지나친 탐욕과 이기심이 공동체를 훼손하고 기후 위기 시대를 초래하였지만, 이러한 위기를 돌파할 유일한 방법은 공동체 가치를 회복하는 것이다. 개인의 힘은 미약하지만 공동체의 연대와 협력은 강력하다.

76세의 나이로 세상을 떠난 아름다운 영혼이자 놀라운 천재 과학자 스티브 호킹이 지구와 인류에게 남긴 마지막 메시지는 우리가 어떤 선택을 해야 할지 길을 보여준다. "우리 모두는 시간 여행자들이며, 함께 미래를 여행하는 동반자들이다. 그러나 그 미래가 우리가 방문하고 싶은 곳이 되게 하려면 함께 부단히 노력해야 한다. 용감하게, 호기심을 가지고, 단호하게 장애물을 극복하자. 우리는 그렇게 할 수 있다."

데일리 커피 익스프레스

기후 위기와 커피

아라비카종 최대 생산국인 브라질에 2021년 검은 서리가 내리자 2022년 2월 뉴욕 선물시장에서 아라비카종 가격이 최고가로 치솟았다. 검은 서리는 냉해의 일종으로 식물이 검게 변해 '블랙 프로스트'라고 불린다. 아라비카 원두 선물은 파운드당 1달러 미만이었는데 파운드당 2.5달러 선에서 거래되었다. 11년 만의 일이다. 급등한 원두 가격으로 스타벅스, 투썸플레이스, 할리스, 국민 커피인 맥심까지 커피 가격이 모두 줄인상했다. 2022년 스타벅스는 아메리카노를 4,100원에서 4,500원으로 인상했다. 기온 상승과 강우량 변화로 세계 커피 산출량의 70퍼센트를 차지하는 아라비카종 생산량이 2050년이 되면 반토막 날 전망이다. 아라비카종은 병충해나 기온 변화에 약해 기후 위기의 직격탄을 맞고 있다. 커피 수요는 급격히 증가하는데 공급은 부족하고 커피콩 제조

비용은 상승하며 인플레이션까지 겹쳐 커피 가격
은 계속 오를 전망이다. 커피 한잔의 여유가 사치
로 바뀔 날이 머지않았다.

Coffee & Music

사카모토 류이치 <1996> 중 "Merry Christmas Mr. Lawrence"

일본의 작곡가이자 뮤지션인 사카모토 류이치는
세계적으로 높은 인지도를 가진 예술가로, 직장
암 투병 끝에 2023년 3월 28일 향년 71세로 세상
을 떠났다. 음악 활동 외에도 사회 문제와 환경보
호에 관심이 많아 지속 가능성을 추구하는 대체
커피와 잘 어울리는 삶을 살았다. 그의 13집 앨
범 <1996>은 정규 앨범과 사운드트랙에서 인기
곡을 선별해 피아노, 바이올린, 첼로 삼중주로 재
편곡한 명반으로, 특히 "Merry Christmas Mr.
Lawrence"는 BTS 슈가의 연주로 다시 주목받았
다. 무라카미 하루키가 아침 커피와 함께 즐긴다

는 사카모토 류이치의 음악을 오늘은 대체 커피
와 함께 감상해 보면 어떨까.

Outro : 오늘도 우리는 카페에 간다

"내가 집에 없다면 카페에 있을 걸세. 만일 카페에 없다면 카페 가는 길에 있는 걸세."

-프랑스 작가, 오노레 드 발자크

만약 커피 사랑을 겨루는 올림픽이 열린다면 금메달은 의심할 여지 없이 오노레 드 발자크의 몫이다. 그는 ≪고리오 영감≫, ≪미지의 걸작≫, ≪나귀 가죽≫, ≪인간 희극≫ 등 무려 74편의 장편 소설과 수많은 단편을 남긴 소설 노동자이다. 숱한 사업 실패로 진 빚을 갚기 위해 하루 10시간 넘게 글을 썼다고 하는데, 가혹한 글쓰기 노동을 가능케 한 힘은 바로 커피였다. 발자크는 커피를 "내 삶의 위대한 원동력"이라고 말했다. 매일 프렌치 드립 포트로 내린 커피를 하루 40~50잔을 마셨다고 하니 덕후를 넘어 중독자가 아니었나 싶다. 그렇게 마셔도 괜찮은 걸까. 아니나다를까, 발자크는 결국 카페인 과다 복용으로 인한 심장 발작으로 생을 마감했다.

발자크를 비롯한 수많은 예술가들이 커피를 사랑했다. 커피에 매혹되어 '커피 칸타타'를 작곡한 요한 세바스티안 바흐, 매일 아침 60알의 원두를 손수 갈아 커피를 즐겼던 루트비히 판 베토벤 그리고 마크 트웨인, 어니스트 헤밍웨이, 조너선 스위프트, 무라카미 하루키에 이르기까지 그들 모두 커피를 삶의 동반자 삼았다. 집에서 커피를 내리며 창작의 영감을 얻고, 때로는 카페라는 공간을 통해 세상을 관조하며 이야기를 엮어냈다. 커피 한잔과 함께 시간을 머금는 그들의 모습은 카페 한편에 앉아 오래도록 일하거나 공부하는 현대의 카공족과 닮았다.

카페의 사전적 정의는 '음료를 마시거나 간단한 식사를 할 수 있는 곳'이다. 하지만 카페는 단순히 음료를 제공하는 곳만이 아니라 다양한 문화를 즐길 수 있는 공간이었다. 철학자, 문학가, 화가 등 예술가들은 이곳에서 모이고 토론하며 창작의 영감을 얻었다. 17~18세기 유럽 곳곳에는 커피 전문점인 '커피 하우스'가 폭발적으로 증가했다. 신분에 관계

없이 자유롭게 출입하며 정보를 공유하고 토론하는 정치적
이고 지적인 장으로 자리 잡았다.

특히 프랑스의 카페 '뒤 마고'는 19세기부터 지금까지도
여전히 문화를 대표하는 공간으로 유명세를 이어가고 있다.
20세기 최고의 지성인으로 불리는 사르트르, 생텍쥐페리, 랭
보, 헤밍웨이, 카뮈 같은 문인들이 단골로 드나들며 사상을
논하고 글을 쓰던 이곳은, 예술과 철학이 만나는 장이었다.
피카소와 조르주 브라크 역시 자주 이곳을 찾아 서로의 작품
에 대한 조언을 나누었다. '뒤 마고'는 커피 한 잔을 놓고 몇
시간씩 이어지는 대화와 사유로 가득했다. 예술가들이 모이
고, 서로 영감을 나누고, 안식을 얻던 공간이었다. 커피는 살
롱 문화의 중심이다.

현대의 카페는 우리 삶에서 어떤 의미를 지닐까. 특히 한
국의 카페 문화는 지속적으로 성장하며, 외국인들조차 독특
하다고 느낄 만큼 고유의 정체성을 지닌 채 진화하고 있다.
변화의 선두에는 단연 스타벅스가 있다. 스타벅스는 단순히
커피의 맛과 향을 제공하는 것을 넘어, 공간의 의미를 강조
하며 대한민국에서 성공 신화를 써 내려가고 있다. 현재 스
타벅스는 동네 다방이 되어 누구나 편하게 오고 가는 놀이

터, 일터, 쉼터가 되었다. 카페 안에는 수많은 풍경이 펼쳐진다. 커피를 마시며 담소를 나누는 사람들, 책을 읽는 이들, 노트북을 펴고 일에 몰두하는 사람들, 공부에 열중하는 학생들, 비즈니스 미팅을 하는 직장인들, 멍하니 생각에 잠기는 이들, 심지어 잠시 휴식을 취하거나 잠을 청하는 사람들까지. 그야말로 삶의 단면이 응축된 작은 우주라 할 수 있다.

최근 카페들은 단순히 커피를 제공하는 장소를 넘어, 커피와 문화를 사랑하는 이들이 예술과 삶을 공유하는 공간으로 변모하고 있다. 커피가 사람들을 끌어모으는 후킹 아이템이 되었고, 이 공간 안에는 전시, 공연, 다양한 이벤트가 녹아들어 있다. 커피는 사람과 문화를 연결하는 매개체로, 현대 카페는 하나의 작은 문화예술 플랫폼이 되어 가고 있다. 디저트를 주력으로 하는 카페는 기본이고, 반려동물을 동반할 수 있는 펫 카페, 여행을 주제로 한 여행 카페, 책과 커피를 결합한 북 카페, 마술 공연이 열리는 마술 카페, 독특하게 양말을 테마로 한 양말 카페, 심지어는 사주를 봐주는 사주 카페와 아이들을 위한 키즈 카페, 나아가 자연과 교감할 수 있는 식물원 카페 등 사람들의 취미와 관심사가 고스란히 반영된 카페들이 생겨났다.

하지만 초유의 팬데믹 앞에서 카페들은 속수무책이었다. 카페가 생겨나던 속도보다도 더 빠르게 카페들이 우수수 문을 닫기 시작했다. 그러나 위기 속에서 새로운 기회가 피어나는 법. 팬데믹으로 온 국민이 히키코모리(방에 틀어박혀 사회와 인연을 끊고 사는 사람) 혹은 좀비가 되어 피폐해져 갈 즈음, 답답함과 고립감을 느끼던 사람들은 사회적 욕구를 충족하기 위해 더 안전하다고 느껴지는 옥외 공간이나 테라스를 갖춘 대형 카페로 눈을 돌렸다.

새로운 수요를 재빨리 간파한 자본가들은 근교에 대형 카페를 짓기 시작했고, 대형 카페는 코로나바이러스만큼이나 빠르게 전국으로 확산되었다. 이들 카페는 규모 자체가 놀라울 정도로 크다. 2~300평부터 만 평 이상에 달하는 면적을 자랑하는 곳들도 많다. 4~5층 건물이 통째로 카페로 운영되거나, 여러 건물이 한 카페 단지로 구성된 리조트형이나 타운형 카페도 심심치 않게 볼 수 있다. 김포에 위치한 한 카페는 무려 3,600평 규모에 2,190개의 실내 좌석을 갖추고, 세계 최대 규모의 카페로 기네스북에 등재되었다.

이젠 웬만큼 크지 않은 카페는 주목받기조차 어렵게 되었다. 이러한 대형 카페들은 대부분 다양한 디저트와 음식을 제공해 식사도 가능하도록 만들어졌다. 넉넉한 공간은 장시간 머물며 먹고 즐기기에 안성맞춤이다. 게다가 강변, 산, 바다 등 자연과 어우러진 압도적인 뷰를 자랑하며, 여기에 20~30대 젊은 층을 겨냥한 세련된 인스타 감성까지 더해졌다. 가족 모임, 데이트, 힐링과 휴식을 위한 장소로 이보다 더 적합한 곳은 찾기 힘들다. 이제 카페는 여행 중 잠시 들르는 장소가 아니라, 그 자체로 여행의 목적지가 되었다. 사람들은 카페에 가기 위해 여행을 떠나고 비일상의 순간을 경험하는 특별한 시간을 누린다.

팬데믹 이후 대한민국의 카페 문화는 더욱 다채롭고 흥미롭게 변화하고 있다. 팬데믹 동안 집에서 커피를 즐기는 홈 카페족이 늘어나며, 사람들의 커피 취향도 한층 세련되고 정교해졌다. 아는 사람만 알던 스페셜티 커피가 대중화되었고 메뉴도 다양해졌다. 전문 바리스타들이 현란한 기술로 핸드 드립 커피를 내려주고, 라테 아트로 하트는 물론 복잡한 문양까지 선보이며 고객들에게 작은 즐거움을 선사한다. 최근에는 에스프레소 열풍으로 이태리 커피 문화인 스탠딩 에스프레소 바(Bar)도 늘어나고 있다. 카페는 전문성, 다양성, 창의성, 혁신성, 개성이 창발하는 공간으로 자리매김하며 사람들에게 독특한 경험을 제공하고 있다. 한국의 카페는 변화무쌍한 매력이 있는 역동적인 공간이다.

홍익대 건축공학과 유현준 교수는 한국에 카페가 많은 이유 중 하나로 벤치의 결핍을 꼽는다. 예를 들어, 뉴욕 브로드웨이의 950m 구간에는 벤치가 170개나 설치되어 있지만, 서울 신사동 가로수길에는 같은 거리에 겨우 3개의 벤치가 있다. 또 다른 요인으로는 공공시설의 부족을 든다. 도서관, 공원, 체육 시설 등 사람들이 머물 수 있는 공공시설이 충분치 않아 대안으로 카페를 이용한다는 것이다. 1인 가구의 증가도 중요한 원인이다. 1인 가구의 대표적 거주 형태인 원룸은 공간 면적이 작아 거실이 없고, 사적 공간과 공적 공간이 명확히 구분되지 않는다. 이에 사적인 쉼과 공적인 활동을 동시에 만족시킬 수 있는 제3의 공간으로 카페를 찾게 된다. 고개가 끄덕여지는 이야기다.

사람들은 사회적 관계의 장소로 카페를 소비하는 경향이 크다. 한 조사에 따르면 사람들이 카페에 갈 때 혼자 방문하는 경우는 14%에 그치지만, 친구·동료·연인 등 누군가와 함께 가는 경우가 80%에 이른다.[*] 이는 사람들이 카페를 사회적 관계를 형성하고 유지하기 위한 장소로 활용하며, 관계의 갈증을 해소하려 한다는 것을 보여준다.

공간은 인간의 사고를 지배한다는 말처럼, 대한민국에서 카페라는 공간은 현대를 사는 우리 삶에 깊은 영향을 미치고 있다. 카페를 통해 새로운 트렌드가 탄생하고, 그곳에서의 경험이 하나의 문화로 만들어져 공유된다. 카페는 이제 공공재의 역할을 수행하며, 부족한 공공 공간에 대한 대안으로 확실히 자리매김하고 있다. 우리나라에서 카페 문화는 계속 진화 중이다. 단순한 음료 제공을 넘어 더욱 다채로운 방식으로 인간의 갈증을 해소하고, 창의적이며 혁신적인 사회적 기능을 수행할 것이다. 카페는 여전히 우리의 일상과 문화의 중심에서 새로운 미래를 만들어갈 것이다. 앞으로 카페가 어떤 모습으로 변화할지 무척 기대된다.

동명의 웹툰을 원작으로 한 넷플릭스 드라마 <닭강정>의 마지막 장면에서 주인공 고백중과 외계인의 대화는 깊

---

[*] "사람들이 커피 전문점으로 몰려드는 이유," 충청일보, 2022.09.20 16:26 수정, 2025.01.06. 접속, https://www.ccdailynews.com/news/articleView.html?idxno=2155517.

은 여운을 남긴다. 고백중은 떠나려는 외계인에게 이제 다시 지구에 오지 않는 것이냐고 물었고, 외계인은 '인간은 배려를 바탕으로 진화하기 때문에 무기도 전쟁도 사라진 진화의 정점에 이르는 순간에 언젠가 만날 수 있을 거라'는 말을 남긴다. 작품 전체를 관통하는 감독의 세계관이 담긴 메시지다. 인간다움의 가치, 휴머니티는 인류의 세계관을 나와 우리, 그리고 우주의 다른 종족에게까지 확장하며 연결하는 힘을 가진다. 외계인이 말한 "진화의 정점"은 먼 미래의 이야기가 아니라, 우리가 지금 이 순간 서로를 이해하고 함께하려는 작은 노력으로 이미 시작되었는지도 모른다. 카페라는 공간이 공동체 안의 존재들을 결합하고 더 나은 세상으로 이끄는 연민과 공감의 장이 되었으면 한다.

이 책을 마무리하며 자주 가는 카페에 앉아 헤밍웨이와 체 게바라의 커피로 잘 알려진 '쿠바 크리스탈 마운틴' 드립 커피를 마시고 있다. 은은한 꽃 향과 과일 향이 느껴지며, 구운 견과류와 캐러멜의 달콤한 뉘앙스에 부드럽고 크리미한 질감이 무겁지도 가볍지도 않게 입안을 가득 채운다. 이 책을 읽고 있을 당신도 지금 어디선가 좋아하는 커피 한잔과 함께 순간의 여유를 즐기고 있기를 바란다. 우리는 커피로 연결된다.

이 책의 대부분을 카페에서 작업했다. 영감의 장소를 제공해 주신 전국의 10만 카페 사장님들께 깊은 감사를 전한다. 삭막한 사회에 따뜻한 온기를 더하고, 우리 사회를 더욱 풍요롭고 행복하게 만드는 숨은 공로자들이다. 부디 오래오래 버티시고 모두 부자 되셨으면 한다. 또한 커피를 사랑하는 동료 시민들의 안녕을 기원한다. 커피는 우리의 일상을 풍요롭게 하지만, 과하면 몸에 해로운 것이 사실이다. 부디 건강을 지키며 커피와 오래 함께하시길, 당신의 삶이 커피처럼 깊고 향기롭기를. 마지막으로, 책이 세상에 나올 수 있도록 출간의 여정에 큰 힘이 되어 주신 출판사 마음 연결 김영근 대표님과, 세심하게 원고를 살펴주시고 부족한 부분을 채워 주신 최승희 편집 팀장님께 깊은 감사의 뜻을 전한다.

2025년 2월

이명신

커피사회

휴머니티는 커피로 흐른다

초판 1쇄 발행 2025년 2월 25일

저자 이명신

발행인 김영근

책임편집 최승희

편집 김영근, 한주희

펴낸곳 마음 연결

주소 경기도 수원시 팔달구 인계로 120 스마트타워 1318

이메일 nousandmind@gmail.com

출판사 등록번호 251002021000003

ISBN 9791193471449

값 16000